5FENZHONG
GOUTONG RENXIN

5分钟
沟通人心

刘倬伦◎著

民主与建设出版社

·北京·

© 民主与建设出版社，2021

图书在版编目（CIP）数据

5分钟沟通人心 / 刘倬伦著 . --北京：民主与建设
出版社，2021.9
ISBN 978-7-5139-3655-2

Ⅰ . ①5… Ⅱ . ①刘… Ⅲ . ①人际关系－通俗读物
Ⅳ . ①C912.11-49

中国版本图书馆 CIP 数据核字（2021）第 143592 号

5分钟沟通人心
5FENZHONG GOUTONG RENXIN

著　　者　刘倬伦
责任编辑　刘　芳
封面设计　零创意文化
出版发行　民主与建设出版社有限责任公司
电　　话　（010）59417747　59419778
社　　址　北京市海淀区西三环中路 10 号望海楼 E 座 7 层
邮　　编　100142
印　　刷　北京晨旭印刷厂
版　　次　2021 年 10 月第 1 版
印　　次　2021 年 10 月第 1 版
开　　本　880mm×1230mm　1/32
印　　张　9.75
字　　数　175 千字
书　　号　ISBN 978-7-5139-3655-2
定　　价　59.80 元

注：如有印、装质量问题，请与出版社联系。

用 5 分钟，构建你的沟通影响力

这是一个 5 分钟的世界

我们每天都要与人互动沟通。沟通充斥于我们的职场、亲密关系、亲子教育等各个场景。那么，又有多少沟通是有效的呢？别人愿意给我们多少时间来沟通，并在我们的影响下去做一些事情呢？

其实，这是一个 5 分钟的世界。虽然表面上看起来，我们可以和别人说很多话，做长时间的沟通，但实际上，在这个没有耐心的社会中，在 5 分钟之内，对方已经决定了要接受我们还是拒绝我们……

而这一切取决于我们在短时间内影响别人的能力！

著名心理学家罗伯特·B.西奥迪尼博士曾在他的《影响力》

一书中说道："政治家运用影响力来赢得选举，商人运用影响力来兜售商品，推销员运用影响力诱惑你乖乖地把金钱捧上。即使你的朋友和家人，不知不觉之间，也会把影响力用到你的身上。"

你有没有想过，为什么当一个要求被用不同的方式提出来时，你的反应会从负面抵抗变成积极合作？为什么当一个人和你说话的时候，你会不自觉地喜欢或者嫌弃他？这些其实都是沟通影响力的体现。

沟通是什么？从中国文字含义来看，"沟"是渠道，"通"是通联，沟通就是通过某种渠道把人和人联系起来，而在联系的过程中，不同水平的影响力自然而然就产生了。因此，每一次沟通都是影响力构建的重要过程。

5分钟，足以让沟通对象感知到我们的影响力，而沟通中如何更有效地运用影响力，决定了对方会怎么对待我们。你知道吗？无论我们用怎样的技巧与人沟通，都绕不开两种作用力的影响——亲和力与杀伤力。

5分钟沟通影响力模型＝亲和力 × 杀伤力

我们所有的沟通技巧几乎都无一例外地体现在亲和力与杀伤

力上，这两种作用力辐射范围越大，我们的沟通影响力就越大，我们就能更快、更精准地实现沟通目标，让事情朝着我们期待的方向发展。

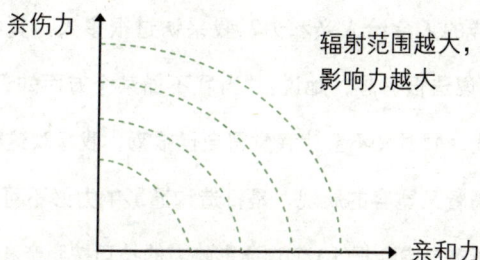

首先，我们来说说什么是亲和力。

亲和力最早是化学领域的一个概念，特指一种原子与另外一种原子之间的关联特性，但后来越来越多地被用于人际关系领域。

亲和力，就是让人愿意亲近和接触的力量。一个人的亲和力源自人们内心的喜爱。心理学上有一个喜好原理，就是多数人更容易接受自己喜爱的人提出的要求。

一个人为什么要有亲和力？举个例子：我观察发现，有的来访者做心理咨询一段时间之后觉得没效果，于是下意识地不想再做，约好了时间，却要么迟到，要么找借口推托到下一次。出现这些情况，有的是因为咨询师本身不行，有的是因为咨询师和来访者不匹配。还有一种可能是，咨询师和来访者应该更进一步了。来访者内心有阻碍，有抗拒，下意识地不想去触碰一些深处的伤痛——这种现象叫作心理阻抗。人对另外一个人有心理抗拒是很正常的，亲和力正好是消除这种阻抗力的有效工具。亲和力会大大消除一个人对另一个人的防御和戒备心，拉近两个人之间的距离。

什么样的人会给人亲和力？我采访过很多人，其中有一个"网红"的说法很有趣，她说："当我不懂某个方面知识的时候，有人来教我，同时又不会让我觉得自己很蠢，我喜欢这样的人！"亲和力是高智又宽容的展现，是打造沟通影响力必不可少的武器之一。我在本书中会把 10 个沟通影响力的技巧按照亲和力指数进行量化，帮助大家更有针对性地根据自己的实际情况进行学习和调整。

扫描这个二维码，测测你的亲和力指数。

亲和力小测试

其次，我们来说说什么是杀伤力。

杀伤力，就是直指人心的尖锐力量，让人受到刺激后能做出反应。杀伤力源自发自内心的敬畏，也就是对权威的认同。心理学研究表明，权威具有的强大力量，影响着人们的行为，即使有独立思考能力的成年人，也会不自觉地服从权威。权威通常由头衔、衣着、身份标志这三种象征构建，所以，要达到权威的效果，需要注意这三个元素的应用。

杀伤力作用在我们的大脑时一般会被分为理性杀伤力和感性杀伤力。理性杀伤力源于一个人强大的知识底蕴和逻辑，也就是这个人很专业。心理学中很经典的权威服从实验说的就是权威的杀伤力作用。而感性杀伤力很玄妙，基本上是通过情绪刺激唤起一个人的关注的。比如我们看两个词组，一个是"工作学习"，另外一个是"鲜血淋漓"，相比来说哪个词组更具有刺激性？我猜大部分人都会选"鲜血淋漓"。也就是说，用在对话或者文章里，容易激发起一个人明显的情绪感受的词就更容易有杀伤力。

为什么我们要培养自己沟通时候的杀伤力？

因为我们需要通过沟通让别人重视我们的话，进而采取行动或者达到某个结果；我们的话越具有杀伤力，在别人脑中所制造的影响力越强烈，别人就越会倾向于记住我们，信任我们，服从我们。真正具有杀伤力的沟通可以让一个人开始行动，获得力量，感到安慰。语言的力量是无形的，而且非常强大，它浸润式地进入每一个人的内心。当我们让自己的沟通方式更具备杀伤力后，或许会对一个人产生指数级的影响，而这个时候，真正的影响力才会发生。

那什么样的人才具有杀伤力？

我先问大家两个问题：老子的《道德经》为什么流传几千年？霍金的话为什么那么有分量？

老子几千年前说的话到现在还在激荡着人们的思想；霍金虽然不能动，但全世界都在听他讲话。他讲了什么，为什么听他讲？

话语的杀伤力到底是什么？这个杀伤力其实指的是知识底蕴。越掌握核心真相的知识，说的话就越有杀伤力。只掌握外围知识的人，很可能要永远听掌握核心真相的人讲话。老子、霍金讲话为什么有那么大的威力？因为他们掌握了核心知识和规律，普通大众在听他们讲话的时候，没有任何抵抗力。

除了核心知识是杀伤力的必要条件以外，剩下的就是沟通时的表达技巧了。在本书中，我也把 10 个沟通技巧按照杀伤力指数进行了量化，以帮助大家更有针对性地根据自己的实际情况进行学习和调整。

立即扫描这个二维码，测测你的杀伤力指数。

杀伤力小测试

在本书中，我为大家总结了沉默沟通、赞美沟通、示弱沟通、幽默沟通、主动沟通、退让沟通、拒绝沟通、从众沟通、炫耀沟通、容忍沟通这 10 个沟通技巧，而这些沟通技巧直接产生了上面提到的两种影响力：亲和力和杀伤力。希望大家可以好好修炼亲和力和杀伤力，相信它们一定会帮助大家在未来的沟通中无往不利，更好地达成目标，赢得人心，提升人际交往的质量和能量。

10 大心理场景的应用检索

10 个沟通技巧分别有自己的心理场景，也有各自的心理基础，典型案例更能说明问题，将这些技巧应用于职场、亲密关系与亲子教育中，将会有意想不到的效果。

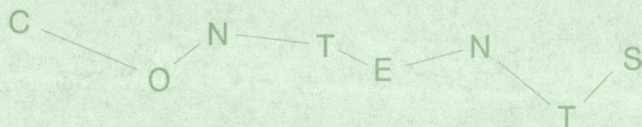

CONTENTS

目　录

第一章

沉默沟通：
5 分钟沉默控场术，促进问题解决

001

告别沉默螺旋，聪明化解针锋相对　　003

面对分歧，利用沉默跨过沟通难题　　012

洞察五种沉默类型，破解对方意图　　018

第二章

赞美沟通：
5 分钟零成本赞美术，不经意间影响人

027

对抗防御感，通过不经意夸人实现沟通目标　　029

诚实语态，让别人感受你的真心　　037

权威赞美术，比忠言逆耳更受欢迎的秘诀　　047

I

目　录

第三章

示弱沟通：
5 分钟示弱好感法，"软骨头"的好人缘　**057**

柔性诱惑，沟通中的权变影响力　059

遭遇质疑，如何绵里藏针刷好感　068

请教式语言，赚取好人缘的最好表达方式　076

第四章

幽默沟通：
5 分钟"笑果"吸引法，缩小人际距离的秘密　**087**

潜意识吸引，最高级的气场调控法　089

刻意自嘲，优雅地摆脱距离感　098

构建心理图式，10 种超实用结束尬聊的破冰方法　107

第五章

主动沟通：
5 分钟主动开口法，快速掌握主动权

119

魔板竞赛，利用先发影响力比别人更快成功　　121

主动心理术，开口即能吸引别人注意　　131

时钟法与文件箱策略：对抗消极力的两个重量级工具　　139

第六章

退让沟通：
5 分钟退让进取法，早做准备得成功

149

打破限制，以退为进让你笑到最后　　151

实力藏匿法，为自己设置安全台阶　　160

适时变脸，让你更有人情味　　168

第七章
拒绝沟通：
5 分钟谢绝法，让自己和对方都不委屈

177

婉拒优先，勇敢让自己和对方都满意　　179

恰当拒绝，守住心理底线　　190

说"不"法门，不会伤人的沟通魔法　　198

第八章
从众沟通：
5 分钟顺势调整法，积极从众更出众

207

情境思维，提升自我价值的关键秘诀　　209

积极从众，让对方迅速成为自己人　　218

破窗效应 VS 榜样效应，补救和引导的双重套路　　226

第九章

炫耀沟通：   **237**

5 分钟优势营销法，让自己在别人眼里更值钱

刻意炫耀，机会究竟会不会留给一直低调做事的你   239

放大镜效应——怎么让你在别人眼里更值钱   248

四个技巧，扣准时机自我营销   255

第十章

容忍沟通：   **263**

5 分钟理性容忍法，忽略小事成就大事

黑点实验，提升格局颠覆你的沟通偏见   265

理性容忍力，如何让你不做"背锅侠"   275

拒绝苛责，如何成为一名出色的管理者   282

沉默沟通：
5分钟沉默控场术，促进问题解决

杀伤力指数：★★★★

亲和力指数：★★★

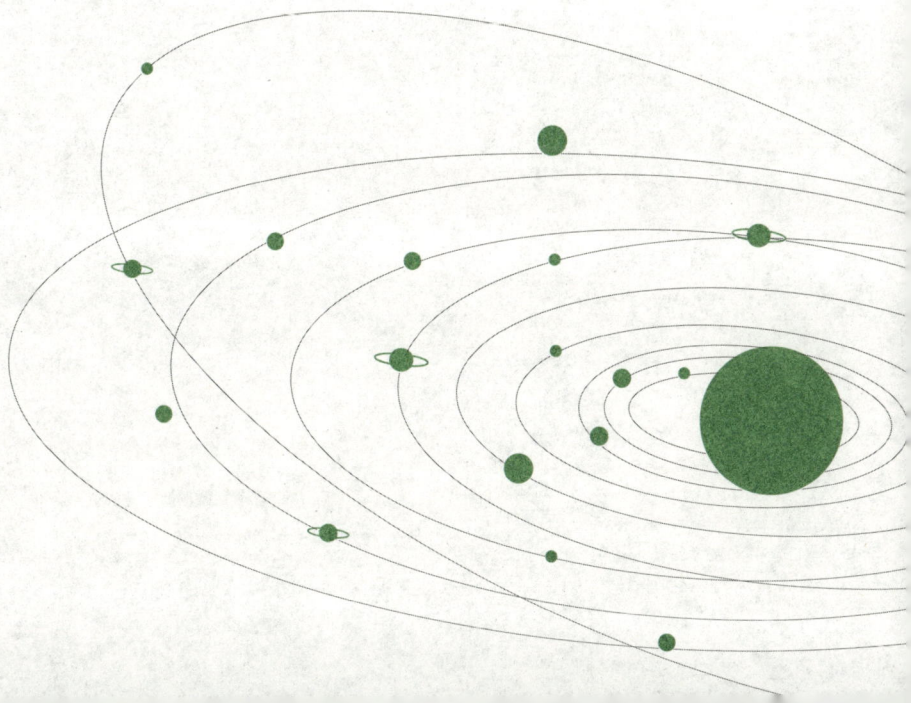

告别沉默螺旋，聪明化解针锋相对

我给很多企业上过关于沟通的课程，在长达 12 年的时间里，我在课堂上讲到"沉默"这一沟通技巧时，都会邀请同学们一起做训练。

当一个同学分享了他的故事或者观点后，如果问别的同学："你是怎么看待这个问题的？"或者"你觉得呢？"通常有 90% 以上的人会有表达想法的冲动。这是为什么呢？因为大多数人都有喜欢表达自我的心理逻辑，表达是一种释放，释放让人轻松，人们愿意做这样的事情。

然而表达是有成本的，所谓"言多必失"，随意地进行表达也可能给自己造成损失。所以在沟通中还需要恰当地沉默，在适当的时候"不出声"。这就是我们要运用的"沉默沟通"。

"沉默是金"是我们经常听到的，然而沉默的优点到底是什么呢？

一、保持沉默还是勇敢表达？

沉默在谈话中的作用，相当于零在数学中的作用。尽管是零，却很关键。沉默可以调节说话和听讲的节奏，没有沉默，一切交流都无法进行。没有沉默，就没有交流。沉默是倾听，沉默是思考。没有倾听的交流，是自言自语的唠叨；没有思考的交流，是胡言乱语的瞎扯。

沉默的作用定律也叫古德曼定律，是由美国加州大学心理学教授古德曼提出的。

沉默在沟通中有时候呈现的是一种杀伤力，比如当你想要表达自己的愤怒，又不想毁掉高冷形象的时候，沉默就可以帮你表现出自己的愤怒，化解很多难以应付的困局。你可以用这种杀伤力影响事情的发展趋势和结果。

沉默沟通带给对方的压力也是杀伤力的表现，人在压力中往往会不知所措，更容易被权威影响，主动放弃不成熟的想法，从而提高沟通效率。

沉默也有一种亲和力，当对方喋喋不休时，你选择沉默，往往更能体现出你的涵养，让别人对你有好感，给事情留有余地，从而更好地把握事情发展的方向。

沉默沟通是一种很好的方法，但是它的运用并不是死板的，要根据实际情况来选择保持沉默还是勇敢表达。

　　我有一个朋友孟然，是一名管理人员，沉默策略是她在沟通中最常用的法宝。下面我来分享一下她的职场故事，看她是如何利用沉默化解矛盾的。

案例

　　孟然是一家社交网络公司的人事总监，一天在与公司年长的同事聊天时，同事告诉她："你也是单位中层了，穿衣打扮要注意身份。"孟然平时穿衣较为随意，虽然这是个人爱好，但是同事这个建议很显然是为了孟然好。

　　孟然没有选择沉默，而是很开心地接受了这个建议，并且向这位衣着打扮很有品位的同事请教了经验。

　　后来，这位同事又提到："你最近是在招聘吗？应聘者中有一个是我的外甥女，你到时候帮忙将她留下。"此时如果孟然选择沉默，就会很容易被误认为是同意了。

　　于是，孟然很客气地说："我听说您外甥女很优秀，我想，五位评委都会给出中肯的意见，您不用担心。"这样说，既表明了现场评委不只是她一个人，又隐晦地告诉对方，如果其外甥女很优秀，肯定不会被埋没。

　　但是，很显然这位同事"做了工作"，第二天的招聘会上，其外甥女虽然表现平平，结果仍有两位评委给出了非常高的分数，一时间评委们争论不休。

孟然作为人事总监，这个时候没有保持沉默，将皮球踢给别人，而是敢于担当，做出了决断。孟然阐明了理由，选了另外一位表现更出色的应聘者。

面对重大的问题时不能保持沉默，不然不仅不公平，也影响整个组织的利益，这是需要坚持的沉默原则。

那么，沉默沟通中的沉默与发声，具体应该怎么选择和操作呢？

二、运用沉默沟通术的三种情境

通常，在三种情境下，我们应该运用沉默沟通术。

1. 避免损失的沉默情境

你已经把握了对方的心理，并对他设定的"圈套"了如指掌、心知肚明，可是你选择任何一方或者放弃任何一方，都有可能造成一定的损失，在这个时候，你的沉默就是在表达观点，泼一盆冷水，让对方一头雾水。你不出招，他就没办法拆招施招，也不敢轻举妄动，这或者就是问题解决恰到好处的时候。

2. 保留观点的沉默情境

在多重问题中，需要你权衡各方面关系的时候，"不说"比"说"要多出一种或者几种可能。这个时候就要适当放出一颗"烟幕弹"，通过沉默保留一些观点。

3. 有效沟通的沉默情境

为了有效沟通，可以灵活地选择沉默。我们可以在了解事情真相后不揭穿，沉默应对，默默地暗示。这样的沉默能避免冲突，给对方时间去思考自己的问题，对方可能会自己解决问题，更加正向地做选择。潜移默化的作用往往超过生硬的批评，巧妙的沉默能够带来意想不到的效果。巧妙的暗示，是可以运用于沉默中的，这样做才是有效的沟通。

三、不能保持沉默的四种情况

如果沉默使用不当，就可能影响事情的进展，让人不安，甚至沉默过头，会变成逃避责任。

心理学家曾做过一个心理实验，随机将一个班的学生分成三组，每天结束学习后，对他们进行测验。第一组学生，每天都告知他们测验成绩；第二组学生，每周告诉他们一次测验成绩；第三组学生，从来不告诉他们测验成绩。

这样连续进行八周测验后，再将第一组与第三组进行对换，即每天告诉第三组测验成绩，从不告诉第一组测验成绩，第二组保持原待遇不变。

再经过八周，心理学家发现，第二组成绩基本保持不变，第一组成绩逐渐下降，第三组成绩突然上升。

这个实验表明，反馈比不反馈效果好，及时反馈又比远时反馈效果好。及时反馈，有助于学生成绩的提升。

学生和老师的沟通也体现了反馈的作用，孔子曾说："知之为知之，不知为不知，是知也。"

我们在学习中遇到不懂的问题时，不能不懂装懂，要及时告知老师，并认真请教，直到搞懂为止，这样我们才能真正掌握知识，并让自己的成绩得到提高。

不仅学习上需要及时反馈，在爱情中也一样。情侣之间或夫妻之间闹矛盾的绝大部分原因，便是沟通不及时、沟通不到位。因为双方没能及时有效地将自己的想法、情绪反馈给对方，所以才导致误会加深，出现情感危机。

比如，你明明不喜欢对方的提问和谈话，却表现出无所谓的态度，你的沉默就极有可能造成两人之间的冷战，从而让矛盾升级，最终威胁感情。

所以，别在需要反馈的时候选择沉默，你的沉默会让别人不理解你的想法，会给人一种不安全感。

我们总结了不能保持沉默的几种情况。

1. 对有效的建议，不要保持沉默

在职场上，遇到一些需要解决的问题时，总需要别人提建设性的建议。如果有人提了能够解决问题的建议，听到的人不应该保持沉默，而应该推进好建议的执行，让事情有积极的进展。而不是听到好的建议时，保持沉默，让事情朝着负面的方向发展下去。沉默是要看场景的，不能乱用。

2. 面对重大的是非问题时，不要保持沉默

重大是非问题，并不难评判，即使不靠某种制度约束，也能靠我们"内心的基本良知"来评判。比如，不欺负弱小，不暴力，不贪污，不欺诈……面对这些大是大非的问题，如果再保持沉默，多半就是为了避嫌，保护自己。这种沉默是为了掩盖利益天平向自己倾斜的私心，这样做，时间长了，失去的会比得到的更多。

3. 面临重大决策时，不要保持沉默

在做重大决策时，如果保持沉默，不选择，不担当，只能暴露你优柔寡断的弱点，对问题的解决非常不利。

社会心理学有一个著名的观点就是"沉默的螺旋"，它的基础

是人的从众心理。一个人保持沉默，并非都出于被社会孤立的恐惧，有时是因为无法保证自己所持有的观点是正确的。

越是这个时候，就越需要一个人来拍板做决定，而往往一个团队"团魂"和士气的产生，都是因为在关键时刻做决策时有人在勇敢发声。

4. 需要反馈时，不要保持沉默

沉默和反馈是完全相反的两种做法，如果在需要反馈时，我们选择了沉默，那么就无法将自己的想法和观点传达给对方。沟通不及时是误会产生的根源，只有及时有效地将自己的想法、情绪反馈给对方，才能真正达到有效沟通的目的，从而避免不必要的误会发生。

◄ 沟通小贴士 ►

三种情况下可以使用沉默沟通术：

1. 避免损失的沉默。

2. 保留观点的沉默。

3. 有效沟通的沉默。

四种情况下不适用沉默沟通术：

1. 对有效的建议，不要保持沉默。

2. 面对重大的是非问题时，不要保持沉默。

3. 面临重大决策时，不要保持沉默。

4. 需要反馈时，不要保持沉默。

面对分歧，利用沉默跨过沟通难题

身在职场，很容易遇到部门和个人之间的利益发生冲突的情况，这时应该怎么去沟通解决问题呢？这种情况下，人们往往各执一词，哪一方都有道理，决策者很难直接指出谁对谁错，如果轻易下结论，则极有可能带来损失。

这个时候，就需要用不说话的方法来解决问题，即用沉默沟通术。

沉默沟通兼具亲和力和杀伤力的特点，在面对分歧时，沉默沟通的亲和力能巧妙绕开尖锐矛盾，让事情朝着积极的方向发展。

当矛盾出现时，管理者不管立场鲜明地支持哪一方，都会打击另一方的积极性。如果不当场表明态度，则可以给自己留一个转圜的余地，避免妄下结论，以保持自己公正、权威的形象，这是亲和力的一种体现。

　　同时，此时的沉默，也可以促使矛盾双方更多地思考自己的问题，主动调整自己，从而让事情正向发展，这体现了沉默沟通的杀伤力。沉默沟通的杀伤力体现了一个人的控场能力，在人人都害怕沉默的情况下，控场能力强的人可以利用沉默来控制与人沟通的局面和节奏，解决沟通难题，得到自己期待的结果。

　　关于沟通策略的用法，我从朋友那里听说了一个职场故事，也许可以带给我们一些启示。

案例

　　　　许晨是一家互联网公司的销售部经理，不仅业务能力出众，沟通能力也是业界闻名的。许晨手下有四个业务主管，其中能力和业绩最好的是主管王明。最近几个月里，王明已经签了好几笔大订单，发展了好几个重要客户，是许晨最得力的助手。

　　　　业绩醒目的王明成为大家关注的对象，另一名业务主管宋新对王明有些敌意。宋新的业务能力仅次于王明，他总想和王明争个高下。作为领导，许晨将一切都看在眼里。

　　　　这天，宋新提前和许晨约好了时间汇报工作。敏感的许晨察觉到，宋新表面上是来汇报工作，实际上是冲着王明来的。

　　　　果不其然，宋新按常规向许晨汇报了工作进度后，开始面露谨慎之色，神神秘秘地四处看了看，似乎是有话要说。当许晨示意他尽管开口时，宋新压低声音说："我听说王明那边好像出了一些小事故。"宋新装作轻描淡写的样子，但是故意把"小"字加重了语气。

宋新边说边偷看许晨的表情："听说上个星期，王明手下的一个业务员冒犯了客户，惹得对方公司的负责人勃然大怒。您知道，对方公司可是我们的大客户，这笔订单能不能成功，直接关系到公司本年度的利润增幅，也牵扯到公司的声誉。不知道王明能不能挽回局面。"

宋新侃侃而谈，自认为含蓄地揭露了王明的窘境。他以为许晨会立刻忧心忡忡，找王明了解情况，甚至一气之下把王明的客户转交给自己负责。

可许晨不仅没有接宋新的话茬儿，更没有像宋新想象的那样表现出忧虑满怀的样子，而是不慌不忙地从抽屉里拿出香烟点上，还递给了宋新一支。宋新刚想开口说话，许晨却站起来，笑着拍了拍他的肩膀，欣赏起广场上的喷泉来。

许晨越沉默，宋新越心虚，尴尬地站在办公室里，紧张得满头大汗。就在许晨第二支烟抽到一半时，宋新终于沉不住气，告别后急匆匆地逃出了办公室。

面对宋新的问题，许晨选择了沉默，他为什么这么做呢？

一方面，如果许晨立刻质问王明，并将王明的业务交由宋新来负责，就会导致两人的关系更加紧张。面对下属的告密行为，不带任何倾向的沉默是很好的选择。

另一方面，如果许晨回应了宋新所说的，就等于公开肯定了告密的人。而宋新受到鼓励后，会变本加厉，把更多的心思花在算计同事上。这样只会增加团队的内耗，是得不偿失的。

许晨为什么不批评宋新？因为一名管理者需要从下属那里掌握更全面的信息，所以不能打击下属的忠心。虽然宋新告密是出于私心，但客观上他也给许晨带来了更多更有用的信息。如果许晨当面批评宋新，只会把他的好意拒之门外，切断一个重要的信息来源。

因此，当分歧关乎个人和团队整体利益、权力的平衡时，说什么都不妥，沉默才是最好的解决方式。

那面对分歧时，应该如何运用沉默沟通的方法呢？

1. 不影响整体团结，让沉默成为分歧的黏合剂

在职场中，当你陷入部门或个人之间的种种分歧时，最好的应对办法就是保持沉默。因为当分歧出现时，无论你做出什么表态，都会挑拨矛盾双方的关系，使分歧加深，破坏团队的整体团结。而适当的沉默则可以隐藏自己，使矛盾双方无法得知自己的真实想法与意图，只能暂时放下成见，冷却对立情绪。沉默在此时便起到了黏合剂的作用，可以消减分歧，使团队更加和谐。

2. 不鼓励制造分歧，让沉默成为矛盾的润滑剂

面对职场中的尖锐矛盾，可以让沉默成为矛盾的润滑剂。心理学教授古德曼说："沉默可以调节说话和听讲的节奏。没有沉默，一切交流都无法进行。"沉默也是一种重要的交流方式，这种交流可以调节矛盾双方的对话节奏，舒缓双方的情绪，从而达到调和矛盾的作用。

沉默没有倾向性，不会加剧双方的矛盾，沉默中的杀伤力还会带给对方压力，使矛盾双方主动反省自己的问题，让矛盾得以控制。

如果你是一名管理者或者一个想要解决分歧的人，那么你就应该避免制造分歧，让沉默成为矛盾的润滑剂，避免矛盾双方直接对峙，在无形中化解矛盾。

3. 善用肢体语言展现友好，让沉默成为中立的信号

沉默常常代表中立，但沉默并不表示什么都不做。善用肢体

语言，可以更好地发挥沉默沟通术的效果。

心理学上认为，肢体语言可以代替语言达到表情达意的目的。沉默中，友好的肢体语言，比如开放性的姿势、微笑等，都表达了沟通中的喜好和善意，即亲和力。

管理者既不能批评下属，也不方便鼓励下属时，用肢体语言表达亲切是一种好的方法。下属自己会去思考其中的含义，接受沉默中的善意，去做该做的事情。这对管理者掌握全局、避免事情的恶意发展有积极的作用。

当出现分歧时，有时候不说或许比说更能够解决问题，很多事都是事缓则圆。掌握好沉默沟通术，充分利用沉默的亲和力和杀伤力，在沟通上才会事半功倍。

◀ **沟通小贴士** ▶

面对分歧时，应该如何运用沉默沟通的方法？

1. 不影响整体团结，让沉默成为分歧的黏合剂。

2. 不鼓励制造分歧，让沉默成为矛盾的润滑剂。

3. 善用肢体语言展现友好，让沉默成为中立的信号。

洞察五种沉默类型，破解对方意图

我们常常会遇到被要求评价一个人或一件事的情况。在情况不清、问题复杂的情形下，"诱惑式问题"会变成陷阱，回答不得当，不仅会显得轻率，还可能被误解为针对别人。

这时候就可以用沉默代替回答。这时的沉默就像放了一个烟幕弹，可以保护自己，让别人无法洞察自己的态度。这里的沉默体现了沟通中的杀伤力，可以让对方在你沉默的时间里平复自己的情绪，对事情进行一番理性的思考，最终理解你的意图，继而改变态度。

沉默有很多种，不同类型的沉默作用不同，所以学会用沉默沟通术的同时，也要学会解读别人的沉默，以避免造成损失。

在职场上如何用不同类型的沉默策略呢？

冯萧的经历可以作为很好的参考。

冯萧的第一次沉默——怀疑型沉默

乔文是一家广告公司的活动策划人员，在公司工作有两年了，一直兢兢业业。冯萧和乔文处于同样的岗位，两人入职时间接近。乔文为人直爽，喜欢表达，沟通能力很强。冯萧话不多，心思缜密，做事沉稳。

有一次冯萧负责一个项目，因为设计部门弄错了文案，导致策划案没有及时交给客户。设计部的同事怕被追究责任，便恶人先告状，在经理面前将延误的责任推到了冯萧身上。

乔文知道这件事后，为冯萧打抱不平，还特意嘱咐她，一定要在经理面前多多反映设计部的问题。冯萧听后，只是笑了笑。经理陈宇找冯萧时，冯萧没有着急辩解，而是欲言又止，一副犹豫的样子。

陈宇作为经理一直都知道设计部存在的问题，看到冯萧的表情，就明白了是怎么回事，并没有责怪冯萧。

冯萧的第二次沉默——情绪型沉默

有一次，公司合作的印刷厂印错了图案，却想把责任推到公司身上。冯萧和乔文两人接待印刷厂负责人时，乔文很激动，立刻要跟人理论，冯萧却拦住了她。冯萧听到对方抱怨时，只低头不语，偶尔面无表情地看着对方。

对方负责人在冯萧的沉默中感受到了压力，自知错在己方，多说也得不到好处，只好答应回去重印。这时，冯萧用沉默表达了自己的不满情绪，让事情朝着期待的方向发展。

冯萧的第三次沉默——思考型沉默

策划部门一个主管离职了，公司计划从乔文和冯萧两人里选出一个做新一任主管。

陈宇把乔文叫到办公室，对她说："你跟冯萧进公司已经两年了，你们在工作上的表现都很好。这次公司想从你们两人里选出下一任的部门主管。部门其他人的优点和缺点，你都了解吗，比如冯萧？"

乔文讲了冯萧的一个秘密。有一次她和冯萧一起逛商场，冯萧看上一件正在打折的名牌衣服，衣服有一枚扣子掉在了地上。为了让衣服便宜一些，冯萧故意将扣子藏了起来。但促销员坚持不肯降价，冯萧最后也没有买那件衣服。

乔文最后又说："她这样占小便宜很不好，在工作中有这样的事情会给公司丢脸。"

陈宇听完后并没有对冯萧做出评价，只是叮嘱乔文，这件事情不能再让别人知道。几天后，新主管的正式任命下来了，人选是冯萧。乔文完全不能理解。

那天，陈宇也找冯萧谈了话，告诉她将任命乔文为部门主管。冯萧很平静，没有表现出任何不高兴的样子。陈宇问她对乔文的看法，冯萧沉默了一会儿，看起来是在认真思考。最后冯萧指出了乔文的一些优点，并表示在以后的工作中会全力配合。陈宇在冯萧的沉默中，感受到了她的谨慎和认真。

案例解析

为什么乔文会落选呢？

经理陈宇认为，乔文和冯萧能力相差无几，冯萧比乔文更具备管理者应有的宽容和忍耐力，而且冯萧更加谨慎和善于思考。

冯萧的三次沉默，都有怎样的作用呢？

冯萧的第一次沉默是怀疑型沉默，展现了自己的内心矛盾，她既不想背黑锅，又不愿告同事的状，给上司留下推卸责任的印象，怀疑型沉默恰好可以展现她内心的矛盾，同时激发了上司探究真相的冲动，给自己争取了更多解释的机会。

冯萧的第二次沉默是情绪型沉默，运用了沉默的杀伤力给对方施压。当对方存在过错时，这种压力容易让过错方妥协，主动修正自己的错误。

　　冯萧的第三次沉默是思考型沉默，给人谨慎的印象。当不能随意评价一个人、一件事时，这种沉默不仅可以起到缓冲的作用，还可以给人留下思虑缜密的好印象。

不同的沉默类型会给沟通对象带来不同的心理感受，可以达到通过沉默抛出烟幕弹的重要目的。但在沉默之外，该如何选择合适的沉默类型，才能让自己的行为、表情和情绪传递给对方不同的感受，从而让对方根据自己的沉默做出想要的回应呢？

也就是说，沉默到底有哪几种类型，在沟通中我们应该如何运用呢？

1. 展现内心矛盾时，选择怀疑型沉默

沉默就是一言不发吗？当然不是。不能因噎废食，而是要善于运用肢体语言或神情，配合沉默表现自己的内心情绪。当你要表达自己的观点，又不想表现得过分时，可以选择怀疑型沉默。

怀疑型沉默展现的是内心矛盾，你表现得欲言又止、犹豫不决时，对方就能察觉到你内心的矛盾，鼓励你继续讲下去，这样的沉默容易激发聆听者继续听下去的欲望。

同样，如果你在沟通时发现对方表现得吞吞吐吐、欲言又止，神情上又有些犹豫不决，表现出来的是一种比较矛盾的内心状态，

是想说又不确定是否要说的不安状态。这样的沉默就容易激发你鼓励对方讲下去的冲动。

2. 表现心中疑问时，选择茫然型沉默

谁都无法保证自己与他人沟通时一直能够顺畅无阻，每个人都难免会遇到无法理解别人观点的时候，这时可以用茫然型沉默表现自己的疑问。

沟通者在使用这种沉默时，眼神一般都不聚焦，身体姿势则比较紧张，表现出似乎听不懂你的问题，或者不知道怎么回答你问题的状态。这时候的沉默会让你感觉到对方特别想让你好好解释一下，使你试图让自己的语言更加简洁、通俗、易懂。

3. 表达不满情绪时，选择情绪型沉默

一名职员有可能在职场上与他人产生分歧，而一名管理者也有可能面临下属出错的问题，但一个成熟的职场人不能随便发泄自己的不满情绪，要学会不动声色地表明自己的态度，所以这时就可以选择情绪型沉默。

情绪型沉默展现出来的是气愤和对抗，这时的沉默是有杀伤力的，这种杀伤力既可以让别人感受到你的不满或愤怒，又不会让你歇斯底里地失态，还会把你的不满情绪准确地传达给对方，让人不自觉地想要去回应你的情绪，从而对事情考虑得更加周全。

同样，对方选择这种沉默时，你也能看到对方的肢体语言呈

现的是一种抗拒的姿态，比如背对着你、低头不语或者面无表情。

4. 不能随意评价时，选择思考型沉默

沉默对一个成熟的人来说，意味着什么？

在职场中，有人抛给你话题并让你发表意见的时候，就是你要斟酌是否该戴起那副"沉默面具"的时候。这时你需要适当地利用沉默放出烟幕弹，不要轻易表达太多，在你明确对方的意图后再表达自己的观点也不迟。因为言多必失，话多会带给人浮躁、不成熟的印象。一旦你给他人留下这种印象，以前付出再多的努力也都无济于事了。

所以，当你不知道该怎么回答问题，但又不想让别人觉察到你的态度时，就要运用思考型沉默，这是一种亲和力的展示，既可以保护自己，又绕过了棘手的问题。

这种沉默，是一个人在思考进程中不说话的状态。如果对方运用了这个方法，你就能观察到对方一些细微的面部表情，比如眨眼睛可能是在想问题，把手支着头部或者拿笔在写写画画就是在思考；或者走来走去，但整个人的神情是放松的。这种沉默是比较让人舒服的沉默，因为你会觉得对方在认真思考你说的问题。

5. 注重内心思索时，选择内向型沉默

内向型沉默多是内向性格的表现。内向者的能量多源于自身的内在世界，他们重视主观世界、好沉思、善内省，相比外向者

的明显情绪反应，内向者更喜欢沉默。但内向型沉默并不一定是安静的、孤僻的，而是将注意力集中在自己的头脑内部，以便让自己更精确地感知和分析外界事物。

人们常常有一个误区，认为内向性格的人大多沉默寡言、不善言辞，其实内向的人只是思考路径不同而已。外向的人习惯在说的时候思考，而内向的人更倾向于考虑周全后，再表达自己的观点。

如果你更愿意将精力用于内心的思索，不希望过多的社交消耗太多精力，可以选择内向型沉默。

总之，运用沉默沟通术，要判断是哪种情形，再选择合适的沉默类型应对。

◀ 沟通小贴士 ▶

破解五种沉默类型：

第一种：怀疑型沉默。

第二种：茫然型沉默。

第三种：情绪型沉默。

第四种：思考型沉默。

第五种：内向型沉默。

如何选择沉默类型？

1. 展现内心矛盾时，选择怀疑型沉默。

2. 表现心中疑问时，选择茫然型沉默。

3. 表达不满情绪时，选择情绪型沉默。

4. 不能随意评价时，选择思考型沉默。

5. 注重内心思索时，选择内向型沉默。

赞美沟通：
5分钟零成本赞美术，不经意间影响人

杀伤力指数：★★

亲和力指数：★★★★★

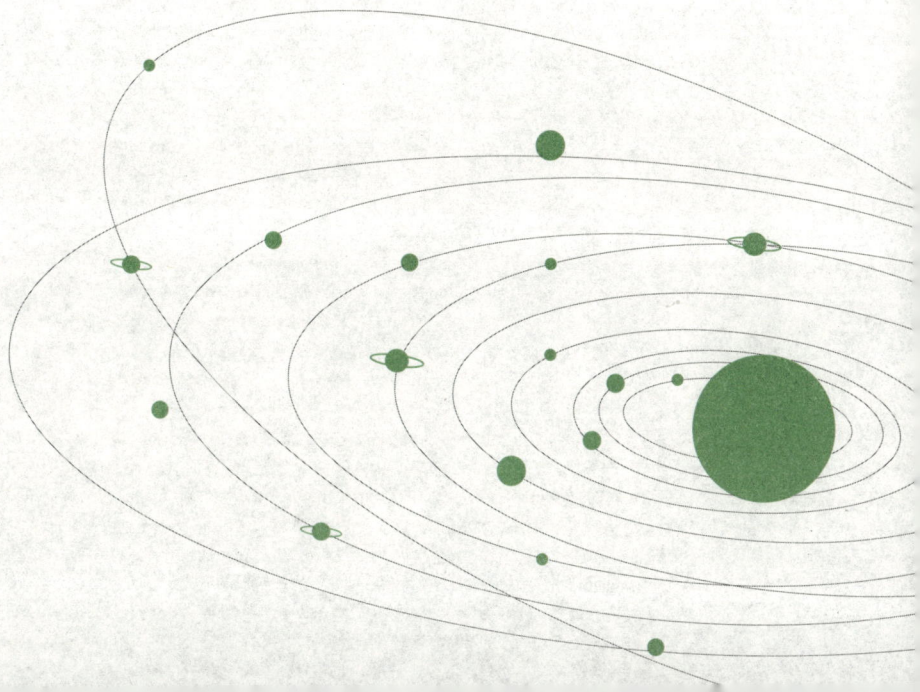

对抗防御感，通过不经意夸人
实现沟通目标

很多人看过虎鲸表演，为什么体型庞大、生性凶猛的虎鲸能做出各种取悦人的高难度动作呢？训练师是怎么做到的？

其实，训练师的秘密就是运用赞美法。训练师在训练过程中发现虎鲸其实和人类一样，一旦受到惩罚就容易变得畏缩、消极和不配合，而适当的奖励则可以让虎鲸在训练中变得更加积极。发现了这一点，训练师就不再那么关注虎鲸的过错，而是把注意力放在了正确引导上。一旦虎鲸达到要求，训练师便不失时机地对它们加以鼓励，这些庞然大物也就心甘情愿听命于他们了。

赞美法不仅适用于虎鲸，也适用于人类。在沟通中适时地赞美对方几句，可以在不经意间让对方放下防御心，零成本实现好的沟通效果。

如果你是一名管理者，当下属出现过失时，你的第一反应是批评还是赞美呢？

通常，一个人犯错时受到批评的可能性比受到赞美的可能性要大得多，因为在人们固有的观念里，批评可以更有效地修正错误。但是，面对批评时人们往往会选择逃避、抗拒，甚至反击，而赞美和鼓励则可以正确引导下属达成目标。

那究竟什么是赞美？我们为什么要选择用赞美方法呢？

赞美是一种"零成本激励"，是发自内心的肯定和接纳，展现的是沟通中的亲和力。

赞美中的亲和力满足了人们对归属感的需求和被理解的渴望。神经科学家娜奥米·艾森贝格尔和同事的研究实验表明，人们被孤立时，精神上感受到的巨大伤害与身体疼痛无异，既"心痛"又"肉痛"，可见人们对归属感的需求多么强烈。

有些心理学家甚至认为归属感是人类的首要需求，赞美的亲和力意味着肯定与接纳，恰好满足了人们对归属感的需求。

赞美中的亲和力还满足了人们被理解的渴望。每个人都渴望被理解，尤其是职场中的普通员工。适当的赞美可以满足下属被理解的渴望，使沟通效果更好。但遗憾的是，有些人成为管理者后往往会减弱理解他人的能力，打击下属的积极性。

沟通应遵循人类的本能，多使用赞美方法，用亲和力给对方带来快感，让对方放松、卸掉防备，他会更容易接纳你，从而增强你的影响力。

心理学上的"皮格马利翁效应"指的就是热切的期望与赞美能够产生奇迹，即期望者通过一种强烈的心理暗示，使被期望者的行为达到他的预期要求。

赞美可以从生理上诱导一个人的神经快感，让对方放松，卸掉防备，顺其自然地配合你达成目标。

赞美好像人人都会，为什么我们还要特地去学习赞美呢？

赞美心理学的特别之处就是教会你不要只在自己心情好的时候才表达赞美，在别人犯错时，你同样能通过赞美来改变关系，达成想要的结果。

我的朋友陈浩是一个非常喜欢表达赞美的人，我们来看看他在职场上是如何运用赞美术的。

案例　　林旭大学毕业后进入一家跨国公司的销售部，入职半年已经发展了不少新客户，签下了不少订单。赶上销售旺季，林旭接了一个大项目，他一连加了半个月的班，终于跟客户谈好了细节，敲定了合同，并把样品给客户发了过去。

没过几天，林旭被主管批评了，因为加班太多，林旭发货时把产品型号搞错了。客户觉得公司对这个项目不认真，怕后续带来麻烦，打算取消合作。

第二天，林旭和主管一起被叫到了经理陈浩的办公室。

经理说："情况我都了解了，客户那边我也已经解释清楚了。对方跟我们合作那么多年，也相信我们的信誉，不会取消合作的。"经理又特意走到林旭身边，拍了拍他的肩膀说，"小林最近好像一直在加班，确实很辛苦。公司能招到这么优秀的年轻人是我们的荣幸。加薪的申请，我一定会批准的。年轻人犯点错也不是什么大不了的事，以后多注意就好了。"

林旭没想到经理不但没有批评自己，还要给自己加薪，赶紧保证说："谢谢经理！我以后不会再犯这种错误了。"

经理说："没事了，你先忙去吧。"

林旭走后，主管纳闷地问："他犯了那么大的错，您怎么没批评他，还给他加薪呢？"

经理笑了笑："管理者要看到下属的努力，不能一味批评。赞美也是沟通方式的一种，你自己去琢磨吧。"

案例解析

陈浩为什么没有批评林旭？

经理一味批评，可能会给下属传递一种消极的期望，让下属变得自暴自弃，向着消极的一面发展。

每个人对自己的行为后果都有一个心理预期。当林旭觉察到自己的错误时，是有面对批评的心理准备的。而此时，经理并没有批评他，反而夸赞了他最近的努力。陈浩的赞美让林旭原有的防范瞬间瓦解，从而获得了一种积极向上的原动力。为了不让上司失望，他会更加努力地发挥自己的优势，尽力达到对方的期望，这符合管理者的预期。

正确地运用赞美沟通术可以更轻松地了解和掌握对方情绪的转折点，慢慢将对方引入你的控制和影响范围之内，从而达到你想要的结果和目标，还能恰当地维护关系。

所以，无论你面对的是管理者、下属、配偶，还是父母，多用赞美术就会有更多的好处，但是在使用赞美的时候，要特别注意以下三点。

1. 学会"越级赞美"，但不要把赞美变成奉承

赞美别人一定要学会"越级赞美"，简单来说就是运用对比的方式进行赞美，把赞美对象类比成比其更高更强的一方，这样会让被赞美者心情更愉悦。举个例子，如果你想夸赞上司的歌喉，就可以把上司和专业歌手相比，并夸赞两者的差距不大，这就是一种很明显的越级赞美。

我们还要注意一点，越级赞美要把握好度，否则赞美就会变成虚伪的奉承。假如上司本身五音不全，你还要夸赞他的歌声比专业歌手更美，这种明显的奉承就算不上赞美了。上司听到你这么虚伪的恭维，也不会感到高兴的。

懂得赞美的人会利用赞美沟通术的亲和力，让赞美和期待变成一种超常的能量，来改变一个人的行为与思想，激发人的潜能。

这里有一个越级赞美公式：

越级赞美 = 对比对象 + 细节描述 + 肯定赞美

2. 万能赞美公式：当你做 X 时，我感受到 Y

赞美一定是真诚、发自内心的，才会有效果。如果只说一些笼统的话，或者使用溢美之词，别人可能会觉得你说的都是违心的恭维话。我们脸上的"赞美面具"，在对方眼中也会变成奉承的丑相。

我们可以借助一个万能赞美公式，即"当你做 X 时，我感受

到 Y"，这个句式可以用来表达自己赞美时的真诚。这个赞美公式具有实际操作性，我们要先观察别人具体做了什么事，再真诚地表示这件事给自己带来了什么好的结果。这个公式简单实用，既说了事实，又表明了自己的感受，让对方听着非常受用。

所以，赞美时不要故意夸大对方的优点，而要让对方感觉到你的真诚，真诚才能打动人。

3. 赞美要切实得体，学会使用不同的句型结构

切合实际、言语得体是赞美的重要原则。赞美他人不能夸夸其谈，大而无当。譬如同事的小孩成绩一般，你却夸他聪明绝顶、智慧过人，反而像是在讽刺，会引起他人的反感。

表达赞美时还要注意语境，要因人、因事、因地而异，选择合适措辞，符合赞美对象的预期。比如，夸赞一位女性健壮就像夸一位男性贤惠一样，都不合适。表达赞美时，要根据当时的语境和对方的身份、地位、职业等，选择好的表达方式，以实现好的赞美效果。

可以参考下面几点：

赞美别人时，不要鹦鹉学舌，最好是用自己原创的赞美之词。

尽量避免在赞美中用"好"这个已经被用得泛滥的字。

避免使用"你"开头，容易让人听起来毫无诚意。

沟通小贴士

使用赞美沟通术，需要注意什么？

1. 学会"越级赞美"，但不要把赞美变成奉承。

2. 万能赞美公式：当你做 X 时，我感受到 Y。

3. 赞美要切实得体，学会使用不同的句型结构。

诚实语态，让别人感受你的真心

当你被赞美的时候，你会有一种被接受、被认可、被喜欢的感觉，让你感到动力十足，而且充满了幸福感。这是赞美效应。

美国著名心理学家威廉·詹姆斯说过："人性最高层的需求就是渴望别人的欣赏。"能否获得赞美，在现今社会几乎已经成了衡量一个人社会价值的标尺，所以很多人都希望在赞美声中实现自我价值。

赞美满足了一个人被尊重以及自我实现的需要，展现了沟通者的喜爱，是一种亲和力的表现。这种亲和力也是真诚的体现，代表了你的真心实意和坦诚相待是获得他人信任的根本所在。当一个人感受到你赞美中的真诚时，也必然会感受到你的亲和力，对你产生好感。人们都喜欢跟自己有好感的人打交道，所以真诚的赞美更容易让他人答应你所提出的要求。

而我们该如何恰当地表达赞美呢？秘诀就是真诚。

关于真诚，我们先来谈一谈情绪的产生。如果问大家人类有几个脑这样的问题，可能大部人的答案都是左脑和右脑或者大脑和小脑。从生物学上来说，这种分类基本是正确的。但如果按照大脑的功能来划分，人脑可以分为三个脑。这三个脑分别是爬行类动物的脑、人类的大脑和哺乳类动物的脑。爬行类动物的脑负责最基本的神经刺激反应；人类的大脑负责语言系统，也负责说谎和掩盖真相；而哺乳类动物的脑则负责情绪感受和用身体说真话。

举个例子，如果一个人在和你侃侃而谈的时候，脚没有朝向你，反而转向了门口或者走廊的另外一边，那这个人就是在用人类的大脑应酬你，但他哺乳类动物的脑用身体语言说了真话。一个人的嘴巴可以说违心的话，身体却可以很实诚，只要足够细心，一般人都能从肢体语言中体会到对方真诚与否。

只有真心实意地赞美，才能让一个人放下对你的心理防御，进而接受你、信任你，而信任，才是对他人影响力的真正开始。

叶文的职场故事，很好地诠释了真诚赞美沟通的效果。

案例　　叶文就职于一家贸易公司，年纪轻轻就做到了经理的职位。许多新来的同事不明白为什么叶文那么年轻就当上了经理，公司里的老同事就告诉新人，叶经理升职那么快不仅因为业务能力突出，而且她有一个特殊的优点，那就是懂得赞美别人。

叶文在工作中非常善于发现同事的优点，并给予赞美，这让叶文与同事的关系十分和谐，同事感受到了叶文的真诚，在工作上也十分配合，部门的工作效率提高了很多。很快，叶文凭借优秀的业绩升上了经理的职位。

赞美上司——把握分寸，不刻意奉承

销售旺季时，公司的任务非常繁重，主管销售业务的副总也陪着销售部加了几天班。这天，副总把叶文叫到办公室，交给她一份表格说："现在是销售旺季，我们销售部的同事都挺辛苦的。之前的表格不是很合理，我稍微完善了一下，让销售员统计的时候方便一些。"

叶文拿过表格看了看，笑着对副总说："您不愧是公司的金牌销售啊，业务能力就是强，一下就能看出我们的问题，我还是要跟您多多学习。"

副总谦虚地摆摆手，笑着说："我也是经验之谈，以后有什么不懂的尽管问我。"

叶文赶忙道谢，拿着表格出了门。

赞美同事——把握人性，用赞美强化积极行为

还有一次，叶文一连接到了好几个下属的投诉，都是关于下属张媛的。张媛是公司里的老员工，因为能力一般，一直在基层的售后岗位上。但是张媛仗着自己资历老，跟同事配合一直都不太积极。叶文就这个问题跟张媛谈过几次话，效果都不太理想，因为张媛对叶文年纪轻轻就坐上经理位子这件事一直都不服气，对她的工作也一直不太认可。

这天因为张媛没有及时跟进售后工作，导致一名销售员丢了一个大单子。叶文便把张媛叫到自己办公室来说明情况。张媛一进办公室就开始为自己辩解，虽然是自己犯了错，但表情看起来很不耐烦。

叶文知道售后的工作并不轻松，经常会碰到无理取闹的客户，售后人员心情不好也可以理解。因此，叶文并没有打断张媛的抱怨，而是静静听她把话说完。

张媛本以为叶文叫自己过来是为了批评自己，打算先发制人，没想到叶文听她抱怨并没有露出不高兴的样子。看叶文这个态度，张媛反而有些不好意思了，难得一次主动承认了自己的错误。

叶文没有提张媛的错误，只是笑着跟她说："工作

中谁都会出错，大家都可以理解。您是公司的老员工了，工作一直很认真，售后经验也丰富，您看哪天有时间，可不可以请您给新来的员工做个培训呢？"

张媛有些受宠若惊："我都可以，您觉得哪天合适，我听您的安排。"

两人确定了培训的时间，张媛便走了。

之后张媛很认真地完成了培训工作，对叶文分派的其他工作也都能积极完成，没再出现过不配合的情况。

赞美客户——留意细节，陈述事实

叶文不仅经常赞美同事，对客户也从不吝惜自己的赞美。有一次，一位客户因为公司尾款支付不及时，到公司里要说法。叶文负责接待了这位客户，并在她抱怨的时候，全程面带微笑，没有表现出任何不愉快的样子。客户见叶文态度诚恳，也愿意解决问题，便不再咄咄逼人。

叶文将客户送到门口时，忽然对客户说："您的发质真好，我也很希望有您这种头发。"

客户有点惊讶，不好意思地说："嘿，上了年纪了，不如以前那么好看了。"

叶文笑着说："您太谦虚了，您的发质比很多人都好呢。"

客户摸了摸自己的头发，忽然小声说："倒是好多人称赞过我的头发呢。"说完客户就打开门，走了出去，走廊里还传来了她哼歌的声音。

叶文就是这样用赞美沟通术一直和身边的人保持着和谐的人际关系。

叶文的三次赞美都用了哪些技巧，都有怎样的作用呢？

叶文的第一次赞美是赞美上司的，所以要把握好分寸，展现的是不刻意奉承。

管理者并不喜欢阿谀奉承的下属，他们希望员工能够真心对待他们，而不仅仅是溜须拍马。所以叶文在赞美副总时，首先肯定了副总的能力，表达了她对副总的认可和支持，同时还表示愿意向副总学习，让自己的赞美变得更加真诚。这样的赞美就成了下属与管理者之间搞好关系的"润滑剂"。

叶文的第二次赞美是面向同事的，要看准人性，用赞美强化积极行为。

如果叶文当时把张媛狠狠批评一顿，只会让张媛的逆反心理加重，她不仅不会认识到自己的错误，还会把怨愤一股脑转移到投诉她的同事身上，在今后的工作中会更加不配合。因为不是从心里自愿对这次批评"买账"，张媛可能会在工作中出现更大的过错，而遭受到更重的惩罚，恶性循环的怪圈也会就此形成。

叶文没有揪着张媛的错误不放，而是摸到了人性中每个人都希望被认可的特点，通过强调张媛有可能展现的积极行为对其进行赞美。她选择赞美的奇妙之处就在于她利用了沟通中的亲和力消弭了张媛的抵抗情绪，让两人的关系变得亲密起来，促使张媛选择满足她期待的行为。所以，张媛自动承认了错误，并痛下改过的决心。

叶文第三次是赞美了客户，这次赞美只是陈述事实，但她留意到了一个细节。赞美一个人，越是能说出细节，越是会让人感受到接地气，不会给人浮夸的感觉。叶文赞美客户发质好，这是客户真实存在的优点，那种细节中所传递的真诚感讲到了客户的心坎里，最终让客户满意而归。

无论在企业里面对员工、在学校里面对学生，还是在家庭里面对孩子，我们都要善用赞美沟通术。因为惩罚很可能会造成一种消极的情绪氛围，而这种不好的情绪效应会"回报"到团体或者家庭中的每一个成员身上，形成越来越不好的恶性循环。所以，大部分情形下，赞美比惩罚更能起到改善的作用。

那么在使用赞美术时，如何让别人感受你的真心呢？这里有真诚赞美的八个小技巧，供大家参考。

1. 借用具体事件，直接说出对方的优点

在赞美一个人的过程中，要赞美他最真实的地方，事件越具体，细节越详尽越好，因为越详尽越能体现真诚。赞美的语调不需要太浮夸，用朴素的语言直接说出对方的优点即可。同时，还要注意一点，赞美别人时，重点要赞美对方这个人，而不是对方用的什么物品。比如，赞美女朋友买的衣服好看，可以说"这件衣服穿在你身上特别好看"。

2. 抓住重点，说明因为对方的优点产生的效果

赞美一个人时，要把重点集中在对方的优点产生的效果上面。因为对方的优点产生了好的效果，所以你的赞美是真实可靠的，是有事实依据的。比如，职场上赞美上司就可以说"您的表达能力真强，几句话就让大家抓住工作重点了"。这就是用真实的依据支撑了自己的赞美。

3. 陈述事实，分析对方优点产生的原因

分析一个人优点产生的原因，首先就要肯定他的付出，没有付出他也不会有这个优点。从对方优点产生的原因入手，是一种真心实意的表达，说明你确实充分了解了对方的优点，并不是虚

伪的奉承。这种表达也表现了你对赞美对象的支持、理解和认同。

4. 扩充你的赞美词库，让赞美的语言富有创意

赞美要有创意，最好是在意想不到之处，给人带来一些惊喜。比如，当你想要称赞对方的衣着时，除了"好看"之外，还可以赞美对方的衣着有品位、有气质、很时髦等。这样丰富而又细腻的语言，将会是赞美的一个加分项。

5. 把握分寸，解释对方优点对你的影响

赞美要把握分寸，不能给人一种刻意的奉承之感。比如，你想赞美别人的衣着有品位，可以说他的审美给了你启发，让你的审美水平也提高了。不过，使用这种赞美方式要把握好分寸，要是让对方觉得你在阿谀奉承，就不好了。

6. 公开表达对赞美对象的欣赏和羡慕

赞美时，一定要表达对赞美对象的欣赏和羡慕，让别人在潜意识里感受到你诚意。这种赞美表达了"我很喜欢你，我很接纳你"的状态，别人会相信你的赞美是可信的、真实的。

7. 找到对方在意的优点，进行重点赞美

要看准对方的优点，进行重点赞美。不能明知是对方的缺陷反而加以赞美，那就变成了讽刺。比如一个人的身高只有一米五，你就不能赞美他说："您的身材非常高挑。"

8. 开启优势发现模式，关闭缺陷搜索模式

赞美就是要夸奖对方的优点，忽略对方的缺点。比如，当一个人的身材比较丰满时，就不要关注对方的身材了，而是把重点放在对方的着装上，可以说对方的衣服裁剪方式很特别，穿在身上，会显得身材非常挺拔等。

◀ 沟通小贴士 ▶

使用赞美术时，如何让别人感受你的真心呢？

1. 借用具体事件，直接说出对方的优点。

2. 抓住重点，说明因为对方的优点产生的效果。

3. 陈述事实，分析对方优点产生的原因。

4. 扩充你的赞美词库，让赞美的语言富有创意。

5. 把握分寸，解释对方优点对你的影响。

6. 公开表达对赞美对象的欣赏和羡慕。

7. 找到对方在意的优点，进行重点赞美。

8. 开启优势发现模式，关闭缺陷搜索模式。

权威赞美术，比忠言逆耳更受欢迎的秘诀

为什么管理者的赞美比批评更容易让下属满足期待呢？

心理学上有一个效应叫作"登门槛效应"，又称"得寸进尺效应"。这个效应说的是一个人一旦接受了别人的一个微不足道的要求，为了避免认知上的不协调，或想给他人留下前后一致的印象，就有可能接受更多的要求。犹如登门槛时要一级台阶一级台阶地登，人的要求也会越来越高。

所以当我们要求某人做某件较大的事情又担心他不愿意做时，可以先要求他做一件类似的、较小的事情。这样循序渐进，才有可能达到让对方答应的目的。这个效应不仅适用于生活，也适用于职场。

比如，一名管理者不应一下子对下属提出过高的要求，而应该先提出一个让下属稍有进步的小要求，当下属达到这个要求后，

再通过鼓励的方式逐步向其提出更高的要求，这样下属才容易接受之后的高要求，管理者的预期目标也就容易实现了。在这一过程中，管理者的鼓励行为就利用了权威赞美术。

权威赞美术就是利用权威影响他人，让他人改变看法。大多数人都有服从权威的倾向，因为权威代表着专业、智慧以及更强大的力量。来自权威人士的赞美，会促使人们愿意干很多事情。权威的影响会让别人觉得你很专业，会愿意相信你，会愿意给你提供更多的帮助，并且顺从你的意思达到你所要的目的。权威赞美术就是最具威力的"赞美"面具。

赞美展现了沟通中的亲和力，这种亲和力来自权威的肯定。那些得到权威人士肯定的人会用一种潜在的快乐心情满足别人对他的期待。

我朋友有一个能力很强的前同事，在管理上总能另辟蹊径。他的职场经历很好地为大家展示了权威赞美术的应用方法。

案例　佟浩任职于一家大型制造公司，不久前，他调到了全公司绩效最差的部门做经理。这个部门的员工都是被兼并的一些小公司的人。他们很难习惯新公司的管理制度，始终无法与新公司文化共融，对公司认同感低，这个部门因此成了全公司绩效最差的部门。

　　公司先后调派了几个最严格、最厉害的经理去负责这个部门，但都不见什么起色，生产进度仍然最慢，质量依旧最差，员工违纪也最多，拖了整个公司的后腿。而这些员工都觉得自己早晚会被辞掉，索性自暴自弃，一天比一天松散。

　　佟浩上任的第一天，带着几个副手仔仔细细地了解了这个部门的生产情况，发现这里果真是名副其实的绩效最差部门。生产现场又脏又乱，员工们表情冷漠，就连新来的经理前来巡视，也不能让他们打起精神。

　　佟浩见到这种情况也没有说什么，只是拿出他随身带着的小本子，边听现场的生产指挥讲解，边认真地在上面写写画画。他身边的副手看佟浩写得那么认真，也掏出笔记本，打算做点记录，却不知道该写什么。这个车间到处都是不合标准的现象，如果一五一十都记下来，可要长篇大论了。于是，几个副手趁佟浩不注意，偷偷瞄了一眼他的小本子，发现佟浩记录的果真是那些违反公司规定的错误之处，还记得特别详细，估计是预备一会儿开会的时候有据可依。于是，几个副手也大书特书起来，准备在会上踊跃发言。

　　生产现场了解结束后，佟浩按例召开了部门会议。

副手们原本以为佟浩刚才在现场记录了那么详细的证据，肯定会给部门员工一个下马威。可是出乎所有人的意料，佟浩发言的时候一改严肃的表情，面带微笑，说出来的居然都是这些员工的优点。那些优点，有些简直不值一提，比如"今天的出勤率超过了昨天的30%"也算在内。其实今天新经理上任，但凡有点工作意识的人都会来露个面，出勤率自然会高，难道连这个也算进步，要加以表扬吗？

几个副手面面相觑，不知道经理到底在打什么主意，部门员工也都竖起了耳朵，大感震撼。这可能是他们进公司以来第一次听到表扬，所以全都露出了惊讶的表情。

员工们脸上的惊讶逐渐变成了微笑，听着佟浩的发言不停地点头。有几个还把佟浩说的都记在了自己的本子上。员工们非常高兴，等佟浩讲完后，大家都自发鼓起了掌。会议最后，佟浩提到了一个问题，就是出勤率，他希望明天的出勤率能高过今天。

副手们听到佟浩这个要求，都是满头雾水。出勤率也算问题吗？为什么经理放着生产规范那么致命的问题不谈，却避而求其次，谈这些不着边际的小毛病呢？车间的那些不规范操作，他不可能没有看到，那些问题在他的"账本"上可是都写得清清楚楚呢。

难道佟浩只是为了大家鼓鼓掌，不至于把关系和气氛弄得很僵吗？这好像并不是佟浩的一贯作风。

事后，几个副手大为不解，他们问佟浩，到底为什么不按照"账本"上的记录，一一把问题摆出来，佟浩淡淡地笑了一下，什么也没说。

等到第二天，他们再去部门巡视，倒没发现什么两样，只是出勤率真的大大超过了昨天，创下了部门有史以来的新高。

案例解析

佟浩发现下属存在诸多问题的时候既没有大肆批评，也没有冒着对牛弹琴的风险，把赞美的成分无限扩大，而是让对方相信他这次是真的在由衷地表扬。他这么做的目的是什么呢？

佟浩正是运用了前文提到的"登门槛效应"。他发现部门存在的问题后，没有立刻让员工全部改正过来，而是在最后提出了一个小问题，这个小问题是员工们都可以做到的小要求、都可以达到的小进步。员工们自然愿意达到他的要求，满足他的期待。

如果佟浩要求员工们把车间那些不规范操作全部纠正过来，反而会给员工们带来太大压力，从而导致反弹。既然工作任务注定完不成，还不如自暴自弃，消极怠工。

"登门槛效应"的关键就在于那个小问题。那么，这个小问题，到底提什么好呢？最好的方案就是能立竿见影的方案。

绩效最差的部门最不缺的就是致命的问题，而这些致命的问题即使提了也不见得能在很短的时间内得以改进，所以新经理想要立竿见影地改善部门的管理，首先要让员工能够迅速树立起步入正轨的信心。这种动机让戴着赞美面具的佟浩把出勤率这个最简单的问题摆到了台面上，也会让员工们感觉到新经理的赞美是有道理的，他们确实能够做到这一点，而结果也真的如他所料。

可见，"有威力的赞美"真的比"严厉的批评"更有可能会唤起根本性的改变。在运用最具威力的赞美面具时，我们要特别注意以下三个技巧。

1. 以目标为导向

权威赞美术的第一个技巧就是"以目标为导向"，运用赞美面具取胜的关键是你赞美的仅仅是你期望的目标，而非完全存在的事实。这就相当于对着问题说答案。

可以说，有的时候你赞美的事情是"子虚乌有"的，是因为你觉得对方做得不好，通过赞美告诉对方怎么做才是好的。在这个过程中，要对对方不好的行为绝口不提，只给对方假设一个预期，或者一个标准，告诉对方怎样做才是值得赞美的，这就是管理学上"以目标为导向"的管理方法。

当对方觉得这种赞美是悦耳的，他们就会朝着这个标准去努力。这种方法跟一直揪着员工的缺点不放的说教相比，哪个更好用，是显而易见的。

从心理学的角度讲，负面评价会带来消极情绪，消极情绪会引发更负面的行为，而更负面的行为有可能导致更负面的评价，这样下去，就会陷入"负面评价圈"里。这时，只有具有威力的赞美，才能把一个人从负面、封闭的圈子里拉出来，开展新的行动。

而赞美还可以将外因转化为内因，所谓外因是关键，而内因是根本，外人再怎么苦口婆心，最终抵不上一个人发自内心"想做"重要，当你戴上赞美的面具时，就达到让对方内因起作用的目的，这就是权威赞美术的第一个技巧。

2. 不夸大赞美成分

不夸大赞美成分是权威赞美术的第二个技巧。权威赞美术虽然是利用权威在影响他人的行为，但这个过程中对他人的赞美一定要是真诚的、符合实际的。过分夸大的赞美更像一个谎言，会让被夸赞的人变成笑话，带来反效果。只有真诚的赞美才能带来和谐的氛围，让对方想要主动改正，关注自己可以改正的方向。

3. 只提一个有效的问题

权威赞美术的第三个技巧是"只提一个有效的问题"。

谈话时，我们往往最怕听到的就是"但是"两个字。通常"但是"之前是一堆捧场美文，"但是"之后就是万丈深渊了。因为"但是"之后的内容，才是谈话的重点。很多人，做妈妈的、做管理者的，在跟孩子或者跟员工谈话之时，好像极其青睐"但是"这个词，因此在谈话之后，员工和孩子记住的都是"但是"以后的内容，也就是那些锥心刺耳的批评言辞。

可以设想一下，当你列举了员工或孩子那么多缺点时，是不是很容易激起对方的抵触心理？而且问题一多，还会使对方抓不到重点，能记住的批评非常有限，而能付诸行动的、愿意加以改正的，恐怕更是少之又少了。特别是对一些屡教不改的表现极差的员工来说，管理者满腹的教育批评，其实很多时候就是一堆对牛弹琴的"无用之词"。

　　所以要让权威赞美术发挥作用，我们最好"只提一个有效的问题"。

> ◀ **沟通小贴士** ▶
>
> 运用权威赞美术，需要注意的三个技巧：
>
> 1. 以目标为导向。
>
> 2. 不夸大赞美成分。
>
> 3. 只提一个有效的问题。

示弱沟通：
5分钟示弱好感法，"软骨头"
的好人缘

杀伤力指数：★

亲和力指数：★★★★

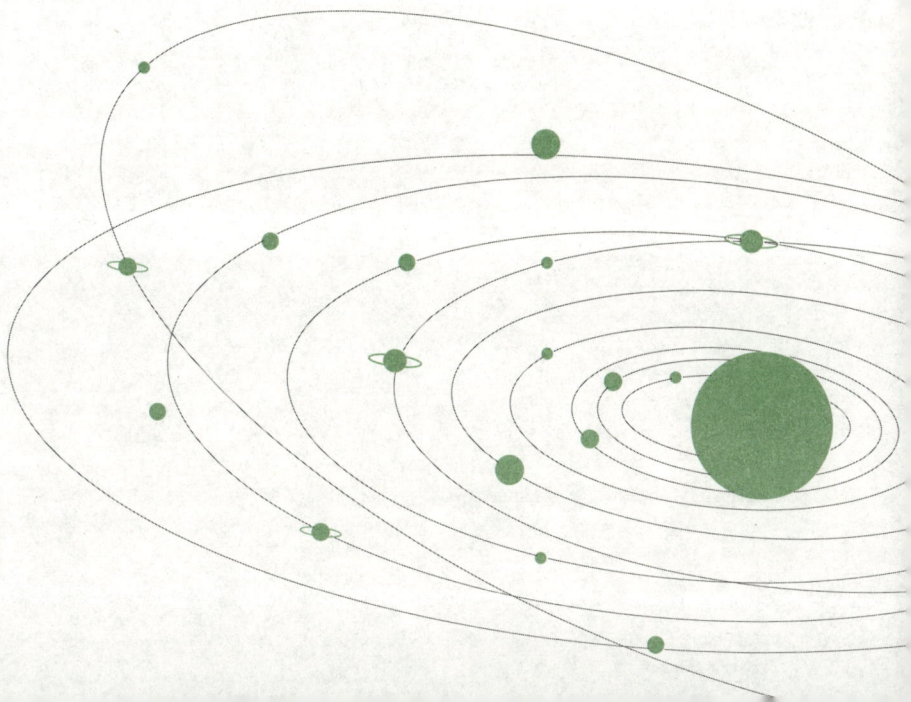

柔性诱惑，沟通中的权变影响力

提到示弱，很多人的第一反应是：示弱是无能的表现。但是在职场和生活中，很多懂得示弱的人成了最后的赢家。

为什么示弱的人反而会成为最后的赢家呢？

我曾经看过这么一个小故事，说的是澳大利亚的海边生活着两种蓝甲蟹，一种暴躁凶悍，喜欢争抢；而另一种则性格温和，习惯示弱，遇到敌人就躲起来。也许有人觉得凶悍的蓝甲蟹更适合生存，可是数百年后，争强好胜的蓝甲蟹数量大减，几乎已经濒临灭绝，而主动"示弱"的蓝甲蟹却不断地繁衍，数量剧增。

示弱的生存之道放到人际关系中也一样，强势本身无可厚非，但是强强相遇可能会两败俱伤，如果懂得示弱，也许会获得一个意想不到的结果。

那么究竟什么是示弱呢？示弱就是主动展示自己的弱点，不与对方硬碰硬。所谓"木秀于林，风必摧之"，大部分以强大标榜自己，或者喜欢逞强而不喜欢示弱的人，往往会咄咄逼人，富有攻击性，不仅不能赢得别人的尊重，还会招来敌人和对手的攻击。因为极端强势只会让人本能地生出一种抵触心理，并不会让人做出退让。

而有时候，适度的、有策略的示弱反而能取得人们的理解。因为人们对弱者通常都抱有一种同情与怜爱的心理，示弱者因此更容易获得生存和发展的空间。但示弱并不是弱者的无奈，而是一种放低自己的策略，只有愿意降低姿态，不惧展示自己的弱点和不完美，才是内心强大的表现。

对峙时的示弱是放低姿态的一种表现，呈现了沟通中的亲和力。示弱沟通的亲和力可以创造一种轻松交流的氛围，让对方放松下来。所以示弱不是真正的弱不禁风、毫无强硬之气，而是一种聪明的退让，是一种强者的智慧。

我们在平时的工作和生活中究竟该不该示弱呢？什么时候该示弱，什么时候又要保持强硬，不能低头呢？

夏璐是典型的女强人，她在职场受挫时，就利用示弱解决了自己的难题。

夏璐是一家互联网公司的高管，分管公司的好几个部门。她毕业于名牌大学，专业素质过硬，性格好强，是业界有名的女强人。

夏璐主管的几个部门一直是公司业绩最好的，为了维持部门业绩，夏璐不仅对自己要求很高，对下属的要求也很严格。夏璐的强硬常常搞得下属们怨声载道，但是在她的强大气场下，下属们也不敢当面说什么。

最近，公司中标了一个大项目，总经理很重视，在高层会上点名交给夏璐负责。夏璐一下子压力倍增，为了又快又好地完成项目，她要求部门员工一切为了项目服务，在完成任务前尽量主动加班。

三个月后，大家终于加班加点地完成了初期产品，但是测试时，程序存在很多 bug，导致产品测试没有通过。夏璐一气之下要求大家一起留下来开项目会。

会上，大家一脸疲惫地听夏璐说项目中存在的一些问题，看起来都很没精神。夏璐对下属们的态度非常不满，开始训斥他们不认真。

这时产品经理忽然站起来说："夏总，我们刚加了一个通宵的班，每个人都很辛苦。程序存在 bug 也是因为您催得太急。我们知道您是怕完不成任务，不好给总经理交代，但是您不能为了自己女强人的人设，肆无忌惮地踩躏下属吧。您自己没有业余生活，大家还有呢。您不应该拿自己的坏脾气去伤害周围的人。"

夏璐听到这番话，非常震惊，一时竟不知道该说什么好。员工们见夏璐也没有要继续开会的意思，就都提前走了。

员工们走后，夏璐坐在办公室里感到万般委屈。她那么严格地要求大家也是为了让员工们多拿些业绩提成。她领导的部门业绩一直是最好的，员工收入也是最高的，原以为部门员工会感激自己，没想到竟对她有那么多埋怨。员工加班的时候，她自己也没有偷懒，都是跟员工一起从早忙到晚。而且加班的时候她还常常自掏腰包，请大家吃夜宵。这一切竟然都不能得到大家的理解。

夏璐一直不知道自己错在哪里，最后还是人事经理启发了她。人事经理告诉她："夏总，你就是控制欲太强，凡事不肯示弱，但有时候示弱反而更能让别人理解你。"

夏璐有些不解："示弱难道不是软弱的表现吗？"

人事经理笑了笑，说："公司是讲业绩的地方，也是讲情理的地方。你要放低姿态，理解员工的难处，员工才会理解你的难处。不论是家人，还是同事，先要让他们高兴，其次才是让他们在心情愉悦的时候接受你的要求。"

后来，夏璐开始改善自己和下属们的交流方式，不再强制大家加班，还鼓励大家把时间多放在家人身上。当她自己出错时，她也会真诚地道歉，并通过克制自己强势的态度，向身边的人展现温柔的一面。

由于夏璐的改变，员工们也改变了对她的态度，有任务重的工作会主动要求加班。连其他部门的同事和客户都变得格外喜欢她了。夏璐的示弱，不仅挽救了她的事业，还帮助她收获了一大帮朋友。原来人见人怕的她，现在不仅是公司的女强人，还成了最受欢迎的女上司。

案例解析

夏璐为什么会听从人事经理的建议，开始示弱呢？

示弱在职场上是非常重要的一个沟通技巧，夏璐一开始的强势和不愿示弱，很大程度上是因为自己的自尊心在作祟。但是在职场中，太过强势的态度并不一定会让别人服从，有时候还有可能引起他人的反感，无法达到很好的沟通效果。这时的不示弱也会被人看成一种外强中干的表现。因为强者之强，不在于表面有多坚强，而在于能否把粗暴而坚硬的态度化为温暖而坚定的力量。

自然界和人类社会都充满了辩证法，强时张，弱时弛，有张有弛才能让你在职场人际中进退有度，具备韧性才能如鱼得水。夏璐就是利用心理学中的同理心原理，通过示弱争取到了员工们的理解。夏璐后来选择的示弱管理方式，正是针对不同的情况，寻求最合适管理模式的权变管理手段，让她在管理中游刃有余。

其实我们在工作生活中也可以运用这样的处事方法让自己减少碰壁。

通常在下面三种情况时我们应该运用示弱沟通。

1. 遇到强硬对手时，要利用权变管理，避其锋芒

权变管理强调在管理中要根据组织的内外部条件随机应变，针对不同的具体条件，寻求最合适的管理模式。当我们遇到强硬的对手时，就要利用权变管理，在适当的时候选择示弱的管理方式。因为，当对方的强项是强势时，那么他的弱点同样是强势。这个时候如果选择以柔克刚的方式，往往能获得对峙上的主动权。就像隐藏实力的刘备一样，不要急于一时争个高下，最终还是要以实力说话。

2. 在对方心理防线最薄弱时，进行示弱

示弱的最好时机就是趁着对方心理防线薄弱最能接受意见

时，进行示弱。比如，人在精神亢奋时，是最难接受别人的意见的，而他一旦发泄完了，就像凶猛的机关枪只剩空空的弹夹一样，再也没有强硬的劲头了。这时，如果我们用扬人之长、揭己所短的语言技巧进行示弱，就能让对方获得心理上的满足，从而接受我们的意见。

我们还要记住一点，不能使用千篇一律的示弱套路，要根据不同的人使用不同的示弱方式。比如，有人可能喜欢你多夸奖他，而有人则更接受引发他同情心的方式。所以，示弱前要首先了解什么样的示弱方式最有效。

3. 谈判时多使用请教式的语言示弱

在谈判中，我们也可以看准时机，多使用示弱策略。比如，在谈判僵持不下时，我们就可以用请教式的语言进行示弱。谈判时，双方往往都认为自己准备充分，会滔滔不绝地表达自己的观点，而不管自己的观点是不是满足对方的需求，这样就容易使谈判停滞不前。这时，我们可以改变自己的策略，真诚地请教对方，通过这种方式让对方说出自己想要的答案。

请教式语言强调的是在沟通中为他人着想，所以真诚的自责也是一种很好的示弱方法。真诚的自责会给对方一种慰藉，因为责怪的是自己，安慰的是对方。这时的示弱不仅能让谈判继续下去，也许还会征服对方，让他主动给自己带来更多的客户。

请教式语言在无形中对对方能力进行了肯定和赞赏，更是对对方态度的尊重，同时表达出了自己的诚恳，是示弱的最好的语言表达方式。我们在下文会详细讲述请教式语言的用法。

既然示弱有这么大的作用，我们该如何示弱才能达到最好的效果呢？示弱是不是在哪里都可以使用呢？其实也不尽然，因为示弱心理术使用不恰当的话可能会让人误会你的实力真的很弱。我们来看一下示弱时需要注意的情况。

1. 示弱不等于软弱

示弱只是一种态度，但不能让对方把你的示弱作为判断你实力的最终依据。示弱只是一种技巧，是为了赢得别人的好感，所以示弱时可以尽量放低自己的姿态，但是绝不能将自己的资本搁置身外而不管不顾。也就说你虽然示弱了，但不能放弃自己的底线，如果让别人越过你的底线，就表示你真的软弱了。所以我们经常说，只有强者才懂得示弱。

2. 示弱要真诚

示弱里的"真诚"是出自对成功的真切渴望，是期望合作的真情实意。所以，示弱时要让对方感受到你发自内心的尊重，这样一来，示弱就会显得格外有诚意。而不真诚的示弱总有被对方识破的危险。不想前功尽弃，给人留下虚伪的印象，示弱就要做到真诚。

◀ 沟通小贴士 ▶

三种情况下应使用示弱沟通：

1. 遇到强硬对手时，要利用权变管理，避其锋芒。

2. 在对方心理防线最薄弱时，进行示弱。

3. 谈判时多使用请教式的语言示弱。

示弱时需要注意的情况：

1. 示弱不等于软弱。

2. 示弱要真诚。

遭遇质疑，如何绵里藏针刷好感

我们在工作中或生活中经常会遇到一些非常强势的人，这些人可能是你的上司、同事或者客户，他们总是对你横加指责，对你的工作、项目不认可、不接受，有的时候甚至蛮不讲理，强硬地要求你按照他们的方法做事。

这时，如果你跟他们硬碰硬，也许可以一时逞了口舌之快，但后续可能会有更多的隐患和问题。因为在将来的工作中，你还需要跟他们配合，很多工作需要他们支持。

那么遭到质疑时，我们该如何处理呢？难道要以暴制暴，两败俱伤吗？这肯定是下下策。以暴制暴只会引发更大的冲突，造成彼此决裂，并不能从根本上解决问题。那么在这种情况下，我们该怎样通过绵里藏针的方式来解决问题呢？这就要使用示弱沟通术。

在职场中，会示弱不仅是情商高的一种表现，也是沟通能力强的一种表现。因为，示弱沟通呈现的亲和力可以拉近双方的关系，避免不必要的争执。比如，当你遇到和同事意见不合的情况，就可以把自己放在比较弱的位置，用示弱沟通术促使对方打心底里接受你，并认真考虑你的意见，这时问题就可能迎刃而解。这就是沟通中的亲和力发挥了作用。

你谈判时或者与团队成员讨论方案时，也可以适当地使用示弱沟通术。这时，你可以把自己的观点融入建议中，再用委婉的方式表达出来，比如"这个方案看起来比较好"之类的表述，这样更容易让人接受。

做一个会示弱、态度柔软的人，是职场必备的生存技能。我从朋友那里听来的一个职场小故事，很好地说明了，在遇到强势合作方不断打压的情形下，怎么使用示弱来解决问题。

案例　　欧阳是风驰公司主管公关的副总经理，能力出众，对工作一丝不苟，在谈判桌上素以强势著称，连总经理都要让他三分，被人戏称为"冷面阎罗"。

最近公司公关部门接到一个大项目，要与业界赫赫有名的万和公司展开合作。双方的谈判时间安排在下周一。

万和公司财大气粗，是业内翘楚，项目负责人吴浩更是强硬派，在谈判桌上向来不给对方留一点儿面子。

相传一位素以脾气温和著称的公司老总在跟吴浩谈判时都拍案而起，骂了几句不着边际的粗话后拂袖而去，可见吴浩有多强势。

因为项目重大，万和公司这次特意派出吴浩和风驰公司谈判，目的就是要把价格压到最低。他们自恃在业界的影响力，所以打准了算盘，就算风驰公司不想合作，自然也会有别的公司降低价格找上门来。风驰公司内部的人都暗暗盘算，不知道欧阳这位"冷面阎罗"遇上了吴浩这个"铁血宰相"，哪个会占上风。

终于等到了谈判那天，万和公司的谈判代表一上谈判桌就给了风驰公司一个下马威。吴浩果然是传说中最难缠的谈判代表，一上来就对风驰公司的策划方案挑三拣四，指出一堆毛病，接着就数落风驰公司实力太弱，根本没能力应付这样一个大项目。风驰公司的代表果真被他打压得士气大落，一个个低垂着头，憋了一肚子气，却不能开口反驳什么。

欧阳这次在谈判桌上却没有发挥惯常作风，他没有因为吴浩的挑衅行为而发作，反而低眉顺眼，一个劲儿给吴浩赔着笑脸。吴浩说一句风驰的不是，欧阳就点一下头，很诚恳地用笔记录下对方挑出的缺点，

沉默沟通

- 创造一套新的逻辑
  - 学会说笑话
    - 如何才能做个幽默的人？
- 幽默能够使交谈的气氛变得更加轻松、融洽，使人际关系活络起来
- 幽默可以让轻松及缓对方内心的防备心理
- 幽默双方之间的距离感
- 幽默能迅速拉近彼此的距离，让气氛变得轻松融洽自然起来
  - 案例
    - 技术员用很好的幽默成了公司的"开心果"，透过幽默品的命运
    - 天生坏工作中使用幽默给面留下了好印象，并顺利入职，他的创业更成功
    - 图式理论用帮助的博学会留下了幽默的技巧，而幽默则让他的
  - 心理基础
- 为什么我们更喜欢跟幽默风趣的人打交道？
  - 如何做到讨人喜欢，拉近和大家的距离？
  - 做到所有生人，如何结交来如啊？
    - 亲和力
    - 心理基础
    - 场原

退让沟通

- 案例
  - 陶姐在谈判桌上采用退让策略，最终赢得竞争，获得总监职务
  - 张瑞终于十字路口学会了退让策略，没多久就开干了副总
- 心理基础
  - 打破自我中心的局限
  - 正确把握投入产出比
- 应用
  - 如何用好退让合作？
    - 找到最合适合话的理由
      - 眼光长远，当断则断
      - 不断自我优化
    - 退让不是推卸而其任
    - 把握退让的尺度
      - 退让是自保，也是一种自我进程
  - 退让时的需要注意什么？
    - 努力不被欺凌工
      - 实力藏器法，安全合的安置
      - 明白事情规则，切记保存实力
    - 他人优先
      - 适时示弱，让你更有人情味
      - 提供建议
      - 克制脾气
    - 打破限制，用"退"为进

主动沟通

- 案例
  - 戴琳主动性积极打败了比自己更有才华的学长
  - 戴琳主动的将推迟用还报告内容，反而输给了
  - 完美主义者的陈用还学习，利用好时间管理等方法超过了自己的主动性
- 心理基础
  - 亲和力
    - 主动是沟通中的一种权谋的把控能力
    - 主动可以在沟通中占据主导地位
    - 主动性是沟通的基本要求
- 应用
  - 先人为主
    - 瞄准先发影，喇力沟通才成功
      - 主动的心理基础，需要注意些事项
        - 主动的依据
        - 先人为主
        - 全力以赴
  - 时钟法与文件的前策略，对抗消极的
    - 两个留意的工具
  - 场原
    - 如何恰当地去主动，才能在工作中建立一种权威，分身乏术
    - 主动
      - 向前迈一步
      - 利用好时间
  - 亲和力
    - 多请示，早汇报
      - 克服"等会儿再做"
      - 抓住"黄金时间"
      - 确保做到位
    - 结果
      - 不要在领导明确提出要求
      - 学会站在领导的角度思考问题

拒绝沟通

- 案例
  - "便利贴"女孩温婉学会了像别人拒绝别人，
  - 伊文在工作中使用了设计拒绝的技巧，让
  - 许婉用拒绝的另一个机会，做
  - 到了两全其美地说"不"
- 心理基础
  - 亲和力
    - 不懂拒绝，让我们深陷繁琐之中，应接不暇，分身乏术
    - 拒绝不一定会伤害对方，那么如何两全其美地说"不"呢？
    - 拒绝时可以让对方了解你的底线，又不
    - 拒绝心理基础，根据自己拒绝自己的底线，又不
  - 学会委婉地拒绝
- 场原
  - 如何恰当地拒绝，真诚和
  - 心理基础
    - 拒绝是与文件的前策略，建立一种权威
    - 拒绝可以让对方了解不合理要求带来的负面情绪和压力

从众沟通

场景： 当你坚信自己是正确的，但所有人都不同意你时，你会怎么办？

心理基础： 如果一个方案上司给了否定意见，你会选择摒弃，还是据理力争地坚持内心呢？

场景： 职场上，如何在从众中脱颖而出？

心理基础：
- 从众可以拉近我们在职场上和有各种细微的关系
- 从众可以拉近我们在职场上和有各种细微的关系
- 从众表现的是内疚者的从众心理和心理基础

案例：
- 张某某行进入新媒体行业
- 向新入职了一家新公司，系统的从众让他迅速成长
- 何部利用窗口效应和榜样效应，迅速在新圈子里站稳脚跟
- 在经利用窗口效应和榜样效应，迅速在新圈子里建立威信

应用

- 不愿成为个性
- 高估大众的眼光 —— 轻易否定他人
- 亲和力
- 从众心理的使用禁忌

- 员工犯错，批判指正 —— 制定相应规则制度，发现问题
- 见贤思齐，见不贤而内省
- 融人圈子的同时又不迷失自己 —— 积极从众，让对方迅速成为自己人
- 入局从众，思考独立
- 语气委婉，态度温柔

- 树立真实榜样
- 树立不同层次的榜样 —— 正确对待榜样
- 不愿迎合主流的心理其实往往会埋下巨大的隐患
- 塑造榜样的方法

场景
- 为什么在职场中有时努力越多越好评少？
- 什么样的"办公室英雄"为什么会惹到别人心理不平衡？

亲和力
- 退让是把自己的微弱坚强让给对方的亲和力

心理基础
- 退让表现了对他人的认同和尊重
- 正回向前

沉默沟通

场景： 有时候，哪种回答都不适合表达产生分歧，对方不认同

心理基础：
- 亲和力
- 沉默可以表达愤怒
- 沉默体现了自己对别人另有想法，化解很多难以应对的情绪问题
- 沉默能够让对方对事情进行一番理性的思考

案例：
- 同事之间总爱用找自己外貌女同事，孟...
- 然而沉默对并打了了公平的分数
- 沉默让三次打小报告，化解了职场理的难题

应用
- 分析困境，如何利用沉默法？
- 跨出沟通难题？

心理基础：
- 三种沉默下 —— 使用沉默沟通术
- 四种情况下 —— 有效沟通的难题
- 聪明的化解职场情绪对...

- 不影响解决问题的 —— 避免失败的沟通
- 不适合用沉默沟通术 —— 保留观点的沉默
- 有强大的自信心，不要保持沉默
- 需要反馈时，不能保持沉默

破解五种沉默类型
- 怀疑型沉默
- 茫然型沉默
- 情绪型沉默
- 思考型沉默
- 内向型沉默

如何选择沉默沟通术
- 展现内心不满时，选择怀疑型沉默
- 表达...型沉默
- 表达不满情绪时，选择情绪型沉默
- 不能解决问题时，选择思考型沉默
- 注重内心思考的，选择内向型沉默

场景： 为什么有些人一开口就能立即赢得别人的注意？

还不时凝眉思考，在策划案中圈点标记，像个认真听讲的小学生。

好不容易挨到了茶歇时间，双方中场休息，气氛才算缓和下来。欧阳早就让人摸透了吴浩的口味，特地托人买了正宗的热带水果，吴浩吃得很高兴，估计让他感到更痛快的应该是刚才那场大杀四方的爽利谈判。

在下半场的谈判中，吴浩很快就发现自己失策了，因为他忽然无话可说了。上半场进行得太顺利了，风驰公司的代表几乎一点儿障碍也没有给他设置，吴浩在上半场就把自己要说的话几乎说完了。

这时，欧阳站起来清清嗓子，开始就吴浩提出的批评一一进行解答。他始终微笑着，抱着谦和的态度，即使是吴浩那些无理取闹的纠错，他也拿出十二分的耐心和充分证据进行解释，把准备工作中做出的努力一一展现了出来。每个看似无懈可击的回答完毕之后，欧阳必加上一句征求对方意见的话，"您觉得我说的对吗"？或者"您看这样做行不行"？

作为谈判老手，吴浩自然不能坐以待毙，继续吹毛求疵地指出风驰的一些缺点。面对对方一些几乎是无理取闹的问题时，欧阳不知道怎么解答，干脆直接说："请您赐教，我们将全力改进。"

吴浩在欧阳的频频示弱中，终于无话可说。

最后，欧阳站起来，面向万和的谈判代表说了一段结束语："没错，风驰公司实属业内小卒，能和万和公司这样的大企业合作十分荣幸。我们是抱着学习的态度来跟万和谈判的，即使我们双方的合作不成功，我们也将学习到万和公司的精神，并将此化为改进动力。万和公司之所以有今天的伟业，想必也经历过像我们公司这样小的规模和不成熟的环境。做公司不容易，希望各位能体会我们的诚意，和万和公司相比，我们的策划案不可能百分之百完美，但风驰愿意经受万和的检验。"

欧阳一番声情并茂的话说完，吴浩沉默良久，可能是没有想到一向老辣的欧阳竟能如此谦恭。万和的谈判代表纷纷私语交换意见，脸上都没有了刚才的傲慢态度。

谈判最后，双方达成了合作协议，而且价格并不是万和原来坚持的最低价格。这个项目，欧阳就这样拿下来了，并且更值得庆祝的是，他的虚怀若谷和示弱沟通赢得了吴浩的赞扬，给"铁血宰相"吴浩留下了很好的印象。

欧阳面对吴浩的提出的问题时，为什么会选择示弱呢？他是怎么应用示弱沟通术的？

万和公司是业内的大腕，谈判代表吴浩又非常强势，这也使得万和的谈判代表非常自信。但强势既是他们的优点，也是他们的弱点。欧阳正是看准了万和的这个弱点，他既没有硬碰硬，也没有愤怒气馁，而是利用示弱沟通术打乱了吴浩的节奏，以柔软的姿态将吴浩带进了自己的节奏，表面上是示弱，实则占了上风。

示弱不是逃避，而是一种以退为进的策略。面对吴浩的刁难，欧阳拿出十二分的耐心和充分证据进行解释，把准备工作中所做的努力一一展现了出来。吴浩就算嘴上不饶人，心中也明白，以风驰公司的实力，万和与之合作并不吃亏。所以，面对强势合作方的打压和质疑，应该以柔软的姿态建立互利共赢的合作关系，用绵里藏针的示弱方法来获取对方的好感。

欧阳在谈判最后提到，万和公司能有今天的伟业一定也经历过风驰公司的小规模和不成熟的环境，做公司不容易等，这些勾起了吴浩对他们曾经相似经历的回忆。这种利用同理心的示弱沟通，不仅能拉近和对手的距离，还会让对手对欧阳产生更多的理解和体谅，无形中就会减少合作中的障碍。

面对强势的对手，应该如何运用示弱沟通术呢？

1. 示弱要先看准对方的弱点

世间万物相生相克，以柔克刚、四两拨千斤是人类生存的智慧法则。遇到强势的对手时应先看准对方的弱点，再使用示弱沟通术。利用对方的弱点可以打乱对方一路强劲的节奏，再以示弱的姿态麻痹对方，就会把对方成功带进自己的节奏中，反客为主。这时的柔软表面上是示弱，实则占了上风。

2. 示弱要攻防兼备，以防代攻

示弱要使用以防代攻、以退为进的策略。面对对方的攻击时，不要直接接招，而要先获取对方的好感度，以防代攻来稳住对方的心，达到稳住己方气势的目的。

示弱还要攻防兼备。攻防兼备的前提是自己要有一定的实力，对对方也要有充分的了解。这时的示弱并不是真的软弱，而是选择了示弱方式作为应对策略。建立在自己实力基础之上的示弱无论怎么谦卑，也栽不了多大的面子。

攻防兼备还要把握好示弱的技巧和程度，如果没有把握好示弱的度，可能会被认为是真的无能和软弱。

3. 示弱要利用同理心法则

心理学上有个推己及人的原理，即通过自己的认识可以反观他人，从而对眼前人或者事物生出理解和同情的心理，这就称为同理心。

示弱也要利用同理心法则。通常人们看到比自己弱小的人，就会产生同理心，把对对方的情感移情到自己身上，不由自主地替对方着想。示弱时，同理心能够让他人对你感同身受，对你的处境有共情回应。

> **◀ 沟通小贴士 ▶**
>
> 面对强势的对手，应该如何运用示弱沟通术呢？
>
> 1. 示弱要先看准对方的弱点。
>
> 2. 示弱要攻防兼备，以防代攻。
>
> 3. 示弱要利用同理心法则。

请教式语言，赚取好人缘的最好表达方式

◆

不知大家是不是有这样一种体验：不管是在生活中，还是在职场当中，总会遇到各方力量相互抗衡的情况。这时，如果你处于对抗中的弱势，就没有必要逞强，应该用示弱法来挽回局势。因为即便你处于强势，手中权力再大，直来直去也只会激化各种矛盾。利用示弱沟通术，平衡各种关系，是强化管理的有效手段。

示弱并不是软弱，而是沟通中有亲和力的表现。当你面对压力，又不占绝对优势时，适当地选择示弱，可以缓和僵持的局面，帮你争取机会选择更优的办法解决问题。这时的示弱不是妥协，而是一种理智的忍让；这时的示弱也不是倒下，而是对他人的尊重。

那么怎样的沟通方式，才能缓和双方的紧张关系，把话说到对方心坎里呢？那就是使用请教式语言了。请教式语言是示弱沟

通术中可以快速使用的技巧，能够帮助你以柔克刚，赚取好人缘。

　　请教式语言无论在什么场合都适用，尤其是在遇到强势对手时也可以发挥巨大的作用。当自己处于弱势时，最好先采取守势，养精蓄锐，让对方来攻，然后乘其疲劳，战而胜之。让对方先说、多说，并在适当的时候使用请教式语言提问。这一方面表示了对对方的尊重，可以给对方造成心理上的压力；另一方面，多听多问多记也可以弄清对方的真实想法，找到对方谈话的漏洞，及时策划出反击方案，等待时机实施反击，从而在沟通中扭转乾坤。

一、请教式语言的特点

　　想要更好地利用请教式语言，我们先要了解一下什么是请教式语言。

　　请教就是请求指教的意思。我们在工作生活中可以多尝试请教式语言，即便位高权重也要偶尔"不耻下问"。因为真诚的谦卑也是一种示弱，适度使用请教式语言很容易博得大家的好感。

　　请教式语言有以下几个特点。

1. 请教式语言多使用敬辞

请教别人时要多使用敬辞，比如与别人谈话时经常使用"请、您、赐教、麻烦"等字眼，表现出自己与他人沟通时尊敬的态度。

2. 请教式语言多见于疑问句

请教别人时要保持谦虚谨慎的态度，多用委婉口气的疑问句。在句尾多加"能不能""行不行""好不好""对不对"等疑问词，用来征求他人意见，通常会得到别人真心实意的回答。

3. 态度要诚恳谦虚，语气柔和

请教别人时态度要诚恳谦虚，语气柔和。如果一个人嘴上说着请教式语言，脸上却是一种不屑的态度，或者语气很强硬，那就不是请教，而是对别人的一种嘲讽和压迫了。语气强硬的请教式语言就不是示弱，而是示强了。

请教别人时也不能太过卑微。使用请教式语言态度要真诚，谦虚的同时做到不卑不亢。

为了更好地理解如何运用请教式语言，下面我们来分享一个职场小案例。

案例｜　我有一位高管朋友邱雅就利用示弱沟通术，让自己成了全公司最受欢迎的人。

邱雅是美妆公司的一名行政总监，虽然身居高位，却没有让同事们敬而远之，反而是全公司态度最温和、言语最温柔的人。每个跟她打过交道的同事都对她赞不绝口，说跟她沟通时总是如沐春风。邱雅理所当然成了全公司最受欢迎的人。而且每一个新进公司的同事都听说过邱雅传奇般的升职历险记，私底下都很佩服她。

邱雅刚进公司时因为学历一般还没有工作经验，所以只是一个行政专员，负责帮大家收发快递、解决后勤问题，给各部门传达总裁办的各种指示等工作，在别人眼里就是个打杂的人员。但是邱雅在这个再平凡不过的岗位上并没有得过且过，而是非常好学，经常向同事们请教各种问题。行政部主管见邱雅如此好学，也经常教她一些行政管理方面的经验。

请教问题时如何示弱？

邱雅还是公司的一名小行政专员时，公司要组织一次团建，由行政部负责统筹，公司的其他部门配合。团建的目的地是离市区不远的一个特色小镇，行政部门负责制定整体的预算、行程，以及团建节目等。

本来行政部对团建的流程已经驾轻就熟，所以很快就制定出了方案，并获得了总经理的首肯。行政部主管便吩咐邱雅去订酒店，联系旅行社。邱雅按照主管的吩咐订好了酒店，本着负责任的态度，她又查了查小镇那两天的天气情况，发现天气预报说那两天有暴雨。因为整个团建的行程里主要是漂流和爬山的项目，全部不适合在暴雨天进行。

于是，邱雅就找到了主管王欣，用请教的口吻说："主管，我已经订好酒店了，但是我有个问题想请教您一下，您方便吗？"

王欣一直很喜欢邱雅认真的工作态度，听她这么问，直接笑着说："有什么尽管问吧。"

邱雅就把查到的天气情况告诉了王欣，并谦虚地说："您的行政工作经验丰富，肯定知道遇到这种情况该怎么处理，您能不能指点我一下？"

王欣很高兴，毫不吝啬地把自己以往的处理经验分享给了邱雅，还特意让邱雅全权负责了这次团建活动。最后邱雅做了一个替换方案，王欣很满意，还当众表扬了邱雅。

表达观点时如何示弱？

由于邱雅的出色表现，没过两年她就升上了行政主管的职位。有一次公司要参加一个很大的展会，还是由行政部负责统筹，营销部和其他部门进行配合。这天，邱雅代表行政部参加展会的推动会议时，设计部和策划部的同事因为配合不顺利，相互指责起来。

策划部的同事指责设计部的同事乱改文案，设计部的同事却嫌策划部方案给得太慢。双方你一言我一语地争执起来。两个部门吵了一会儿，忽然都停下来看向邱雅说："展会是由你们行政部负责统筹的，你说这件事怎么办？"

邱雅知道矛头早晚要指向自己，已经有了心理准备，于是笑着说："行政部虽然是负责统筹的，但是做展会还是你们两个部门专业，我们主要是做服务工作的。不过，害得大家吵起来，却是我们部门工作做得不好，我有一个想法不知道合不合适？"

两个部门的主管见邱雅不急不恼，反而先承认自己的错误，都有些不好意思，脸色都缓和下来。

邱雅接着说："虽然行政部已经做好了展会的推进方案，进度表上每个部门工作完成的时间也都写得清清楚楚，但是具体执行时肯定有一些小问题。我建议在咱们两个部门的任务节点上给两天缓冲的时间，如果完不成再追究部门责任问题。"说完，邱雅看着两个部门的主管问，"你们看这样可以吗？"

两个部门的主管商量了一下，都觉得这个方案比较人性化，高兴地接受了邱雅的方案。

获得反馈时如何示弱？

邱雅升任行政总监后也没有专断独行，反而更愿意听取下属的意见了。有一次公司的两个部门因为配合不好又反映到行政部这里。

邱雅召开行政部会议讨论解决方案时，一名刚进公司的新同事建议给上一个流程的部门设定一个时间节点，如果在这个时间节点上完不成自己的工作内容，下一个流程的部门可以拒接这个部门的工作。

邱雅觉得这个方案虽然有点不近人情，但是非常高效，于是在会上特意表扬了那名新同事："年轻人就是聪明好学，我们这些老同事还要多多学习呢。大家都要向他学习。"

案例解析

在三个事件中，邱雅是如何使用请教式语言的呢？

面向上司时，邱雅勤学好问，多用敬辞，用谦卑的态度，获得了上司的好感。

表达观点时，邱雅不卑不亢，善用委婉的口气，让大家接受了自己的意见。

获得反馈时，邱雅不吝赞美，给予了别人肯定，鼓励了别人表达的欲望。

二、使用请教式语言的技巧

请教式语言多种多样，面对不同场合和不同人群时，使用的语言也不同，那么使用请教式语言时有哪些技巧呢？

1. 请教对方时，要以对方为先，肯定对方的价值

请教式语言其实就是通过提问的方式引诱别人说出你想要的答案，所以当我们请教别人的时候，不妨放低姿态，肯定对方的价值，在对方的专业领域内进行有针对性的请求指导。这样不仅可以凸显出对方渊博的学识，还可以得到自己想要的答案。

其实沟通中，方法并不是最核心的，最核心的是如何感知对方的意图。所以，我们在使用请教式语言时，要发自内心地为对方着想。比如，有人咨询你该如何处理他的恋爱关系时，不论你给出什么样的建议都不是最合适的。不如用请教的方式和他交流，可以说："我很想请教你一下，如果你们分开或者不分开，接下来会过什么样的生活？"这个请教就可以让对方自己去寻找问题的答案。

2. 打破说教的沟通方式，用请教式语言提出自己的观点

请教式的沟通需要你完全打破说教式的沟通方式，给对方带来全新的沟通感觉。没有了说教的压迫感，对方就会在舒适宽松的氛围中敞开心扉和你进行对话。对方的思路也将随之打开，这时你扮演的就是一个导演的角色，可以引导对方去扮演你想要的角色，给出你想的答案。

我们在表明自己的观点或提出自己的方案时也可以使用请教式语言，这样既可以征询对方的意见和建议，又能让对方获得被重视的感觉。比如"我认为这个方案挺不错的，我们应该进行推广，您觉得呢？"这种请教式沟通自然会让他人觉得自己被重视，从而更加心平气和地和我们展开讨论。

3. 交替使用不同的请教方式，并且不吝赞美

请教的方式有很多种，既可以先提出自己的观点再虚心请教别人的指点，也可以直接向对方请教其熟悉的专业领域的问题。交替使用不同的请教方式，可以起到更好的沟通效果。同时，我们也可以一边请教，一边用心聆听，随时和对方转换对话的角色，以达到自己最想要的沟通效果。

此外，我们在请教得到反馈后也不要吝啬自己的赞美，对对方精彩的观点进行感谢或赞美，能加深对方的认同感。对方在你友善的态度下，可以更快地和你达成一致。

◀ 沟通小贴士 ▶

使用请教式语言时有哪些技巧？

1. 请教对方时，要以对方为先，肯定对方的价值。

2. 打破说教的沟通方式，用请教式语言提出自己的观点。

3. 交替使用不同的请教方式，并且不吝赞美。

幽默沟通：
5 分钟"笑果"吸引法，缩小人际距离的秘密

杀伤力指数：★

亲和力指数：★★★★★

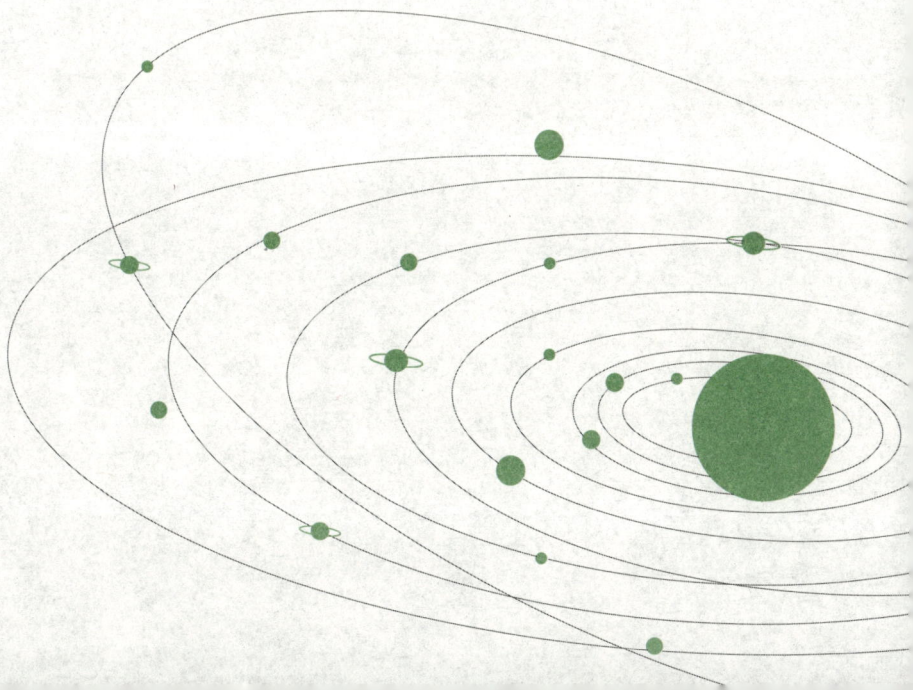

潜意识吸引，最高级的气场调控法

　　你有没有这样一种体会：在漫长而疲劳的旅途中，如果身边有一个幽默的人给你讲了一句有趣的话或者一个风趣的故事，你顿时就会笑逐颜开，疲劳顿消。这就是幽默的力量。无论是在生活中，还是在职场上，我们都喜欢跟幽默风趣的人打交道。这是为什么呢？

　　从心理学角度来讲，幽默就是认知不协调给人带来的快感。著名心理学家西格蒙德·弗洛伊德曾指出："如果我们感知到一种突然、游戏性的不协调性，而它满足了有意识和无意识的愿望，战胜了有意识和无意识的恐惧，从而给人以一种解放感时，我们就会笑。笑话，给予我们快感，是把一个充满能量和紧张度的有意识过程，转化为一个轻松的无意识过程。"

　　幽默是智慧的表达，假如你在想要传达的信息中加一点"佐料",就会给对方带来愉悦的情绪,让对方更容易做出符合你预期的决策。这就是幽默在人际关系中起到的润滑剂的作用,也是幽默沟通中亲和力的展现。

在沟通中,幽默展现的亲和力能够使交谈的气氛变得更加轻松、融洽,更利于人际关系的维护。有幽默感的人具有天然的亲和力,和他们交往会让人感到轻松自在,体会到他们幽默中的智慧,所以,幽默的人总是更受欢迎的。

从精神分析的观点来讲,幽默对我们每一个人来说都是一种高级的防御机制,它能够缓解焦虑情绪,是我们生活压力下的弹性膜。幽默可以让我们自我调侃,缓解愤怒,也可以激发我们的智慧,进行自我创造。在职场中幽默还有助于消除敌意,缓解摩擦,防止矛盾升级。除此以外,幽默还能激励士气,提高生产效率。

那么如何做一个幽默的人呢?

爱尔兰作家大卫·尼希尔在《如何成为讲话有趣的人》中给出了一个笑话的结构:笑话 = 铺垫 + 抖包袱。

可见,一个笑话必须具备两个基本的组成部分,就是铺垫和包袱。从功能上来说,铺垫是为了建立预期,而抖包袱是为了打破预期。几乎所有幽默效果或段子都符合预期违背。

所以,我们也可以得出幽默的公式:幽默 = 预期建立 + 预期违背。

幽默的最终目的就是引人发笑，所以幽默在人际交往中的作用是不可估量的，尤其是在职场上。我有一个朋友，因为幽默成了他们公司的"开心果"，幽默也为他带来了很多职场的便利。

案例

吴岩是一家大型家电连锁企业的技术员，虽然他年纪不大，但公司的同事都亲切地称他为老吴。因为吴岩特别风趣幽默，不论是新同事还是老同事，他都能很快与其打成一片。吴岩在客户中的口碑也很好，因为他不仅能很快地解决问题，还经常把客户逗得哈哈大笑，所以认识吴岩的人都很喜欢跟他打交道。

吴岩的幽默作用明显，有他在的地方总有欢声笑语。不幸的是，有段时间公司经营不善，传出要裁员的消息。公司的技术员过度饱和，成为裁员的重灾区。虽然吴岩业绩一直不错，但也存在被裁掉的风险。同事们听到这个消息都很替吴岩感到担心，每次见到他都愁眉苦脸的。反而吴岩自己心态很好，还去安慰同事不要担心。

这天，经理终于把吴岩叫到了办公室。吴岩一猜就是裁员的事，果然经理沉默了一会儿，仿佛下定了决心说："公司的裁员名单已经出来了，本来你是在裁员的名单上的。"虽然早有心理准备，吴岩听到这个消息，还是有些发蒙，搓着手，不知道该说什么好。经理却笑起来，接着说："我向公司申请把你留下来了，你知道为什么吗？"吴岩有些惊喜，赶紧跟经理说："谢谢经理，肯定是您这位伯乐不肯放过我这匹千里马。"

经理都被他逗得笑起来，说："因为你在公司的人气太高了，同事们都说你技术很好，客户也都很喜欢你。你有什么秘诀吗？"

吴岩有些不好意思地说："我就是喜欢给大家讲讲笑话，我看同事们每天工作都挺辛苦的，我就想让他们放松放松，大家都高兴一点儿。专家也说了幽默能让人内心的紧张和重压释放出来，促进身心健康。"

经理赞同地点点头："幽默的员工对公司来说就像一笔宝贵的财富，如果部门把你裁掉了，以后就没有那么好的工作氛围了。"

经理跟吴岩谈完话，还和吴岩一起制订了一个关于幽默的培训计划。在培训会上，经理对部门员工说道："美国科罗拉多州的一家公司通过调查证实，参加过幽默训练的中层主管，在9个月内生产量提高了15%，而病假次数减少了一半，可见幽默对心理调节有多重要。今天我们进行幽默培训，也是希望大家都可以变成有幽默感的人，在幽默中快乐工作，快乐生活。"之后，吴岩开始给同事讲自己的幽默故事，大家都非常喜欢。

从吴岩的经历中，我们能学到些什么呢？

具有幽默感的人，在日常生活中通常都有比较好的人缘。吴岩正是凭借自己的幽默在短期内缩短了人际交往的距离，赢得了同事和客户的好感和信赖。

据统计，那些在工作中取得成就的人，并非都是最勤奋的人，而是善于理解他人和颇有幽默感的人。吴岩能保持良好的心态，在面对裁员时还去安慰同事，所以，最终没有被裁员，还被经理委托了幽默培训的重任。

具有幽默感的人面对困难时表现出的幽默能使人更为乐观、豁达。吴岩正是因为具有幽默感，在面对困难时也轻松自如，利用幽默消除了工作上带来的紧张和焦虑。

既然明白幽默如此重要，我们如何才能做个幽默的人呢？做一个幽默的人需要哪些准备呢？

1. 学会讲笑话

想要讲好段子或者笑话就要记住大卫·尼希尔的笑话公式，

我们可以从以下三个步骤着手。

（1）做好铺垫。

铺垫是笑话必不可少的开场，第一个思路是把听众引向一个方向。但这部分内容不宜过长，否则就会变得拖沓，很难吸引人。

（2）抖好包袱。

如果说铺垫把听众引向了方向 A 的话，那么抖包袱就是忽然把听众引向了方向 B，通过给听众一个意外感讲出笑话中最好笑的部分。

（3）选好连接词。

连接词是隐藏在铺垫和包袱之间的概念词，它不是铺垫和包袱中间的一个简单加号，而是铺垫和包袱中可以同时使用并具有两种解释的关键词。比如"大家都应该热爱小动物，因为它们非常好吃"，这个段子里的连接词就是"热爱小动物"。

铺垫里的"热爱小动物"是人们默认的保护小动物的意思，而包袱里的"热爱小动物"就变成了小动物很好吃的意思。铺垫是大家都会默认一种常见的解释，但是你的包袱抖出了出人意料的第二种解释，这样自然就产生了转向，给人带来意外的幽默效果。

2. 创造一套新的逻辑

有时我们跟人沟通会忽然陷入一种尴尬的情境，这是因为我们被对方的逻辑套住了。想打破这种尴尬，我们就需要创造一套新的逻辑，把话题引导到另一个方向，化解现有的尴尬，让谈话继续下去。

那新的逻辑该怎么创造呢？通常有两种方法：一种是拆分，另一种是暗示。

（1）拆分。

所谓拆分，就是把原有的逻辑拆分，选择保留一半，重造另一半，从而得到一种新的逻辑。比如，有时候女孩激动起来就会说："世上的男人没有一个好东西。"这时，机智的男生就可以赔笑脸说："你不要这样骂你爸爸。"

（2）暗示。

相比拆分而言，暗示是对原有逻辑的延伸和扩展，从而让原有逻辑中隐含新逻辑。不过要谨记一点，在创造新逻辑之前，一定要弄明白原有逻辑的本意，这样才能在固定的场景中，找到和原有的逻辑相顺应或者相悖的因素进行替换，创建新的逻辑。按照这种方法操作，你的幽默段位不知不觉就会提升了。

既然幽默这么有用，我们在使用"幽默"这个心理策略时，有哪些需要注意的地方呢？

1. 滑稽不等于幽默

滑稽和幽默都可以表示好笑，但滑稽仅仅是好笑，并没有什么底蕴。而幽默则是一种生活智慧的体现，能够让沟通双方体验到好笑之外的更多东西。一个人只有对生活有了很深的领悟，才会具有幽默感，才能以更广阔的视野去看待事物，从而发现事物有趣的一面。与之相比，滑稽是不需要智慧的，它只需要引人发笑，如果弄巧成拙，还会显得愚蠢。

2. 让自己做笑料的主角

跟陌生人或者关系不是十分亲近的人表达幽默时，最好把幽默事件的主体设定成自己，说自己的笑话，才会起到预想的效果。如果随便指出身边的一个人，开对方的玩笑，即使说辞足以引起其他人的大笑，也有可能得罪对方，给人留下轻浮刻薄的印象。

3. 让对方能懂得你的笑点

幽默能起到预期效果还在于对症下药，如果你跟一群渔夫讲一个关于牧民的笑话，他们可能因为听不明白而把笑话当成费解的难题，结果就是只有你自己在笑，其他人反而觉得莫名其妙。所以幽默还是要看对象。只有对方能懂得你的笑点，你的幽默才有意义。

◀ 沟通小贴士 ▶

如何才能做个幽默的人？

1. 学会讲笑话。

2. 创造一套新的逻辑。

使用幽默时，有哪些需要注意的地方呢？

1. 滑稽不等于幽默。

2. 让自己做笑料的主角。

3. 让对方能懂得你的笑点。

刻意自嘲，优雅地摆脱距离感

你身边有没有这样一类人：说话时风趣幽默，开口便妙语连珠，不把人逗笑誓不罢休？你一定喜欢和这样的人交往，工作时也希望能和他分到一组，因为只要有他在，就不用担心工作的乏味和艰难。

不光同事，就连老板也格外赏识他，开会的时候，总是想听听他的意见，即使与工作决策有悖不能全部采纳，但那些意见也能夹杂在幽默当中，让人不能拒绝。而且有的时候这类人还会优雅自嘲，既不会过分贬低自己，还能拉近和大家的距离，大大增加了他在大家心里的好感度。他们究竟是怎么做到的呢？

这就是幽默策略在职场际关系中起到的无可比拟的作用。

职场幽默是职场智慧的一种外在表现，一个人不会无缘无故引起别人的好感，而热情、开朗、幽默就是快速赢得周围人认同的方式之一。所以，想在复杂的职场环境中扎根生存，时常营造幽默才能让自己身边不乏支持者和追随者。

人们很难对一个幽默的人冷眼相待，因为幽默的首要目的是营造快乐，在沟通中表现出亲和力。当你想要拉近双方距离时，不妨用幽默自嘲的方法，利用幽默中的亲和力攻破对方的心理防线，摆脱双方之间的距离感，从而提高沟通效率。

只要幽默策略方法对，很少有沟通解决不了的问题，幽默是沟通中最有效的策略之一。

那如何才能变得幽默呢？有的时候只需要放下一点点自己看重的面子，调侃自己的一些无伤大雅的小缺点，就能拉近彼此的关系，给人留下好印象，轻轻松松拓展人脉。虽然自嘲会有一些小牺牲，但收获的肯定更多。

我认识的一个朋友周延，他在面试时就用利用优雅自嘲的方式，获得了面试官的认可。

案例　　周延是微云互联网公司的部门经理，他进入公司时只是一个写代码的程序员，因为业务能力和交际能力都很强，很快就升职加薪，成了部门经理。虽然周延还年轻，但是手下的职员对他心服口服，佩服他的能力，抵抗不了他的个人魅力，主要就是因为他的幽默感。

周延是个喘口气都能把人逗笑的人，公司的同事都非常喜欢跟周延打交道，连清洁卫生的阿姨都常常被他逗得笑逐颜开。正是这份幽默，让周延在应聘时就引起了面试官的注意。

周延毕业于一所普通高校的计算机专业，梦想就是进入业界知名的微云互联网公司。虽然入行几年后，他已经积累了不少从业经验，但是由于他毕业的学校名气不够大，之前入职的企业规模也一般，所以他来微云面试时还是很不自信。微云互联网作为业界知名企业，面试环节一直卡得很死，程序设定相当严格。

周延来到面试现场，看到那么多名校大学生都在认真地埋头准备，心里也不免开始紧张。为了缓解紧张的气氛，周延开始发挥自己的特长，利用幽默风趣很快跟大家打成了一片。大家一边准备面试，一边为了缓解紧张分享自己的趣事，很快气氛就变得轻松起来。

在等待面试的过程中，本来大家都还很紧张，不一会儿却都被周延逗得哈哈大笑。可能因为大笑之后精神状态调整得比较好，周延所在这一组的面试者普遍表现得都很好。

面试官对大家的快乐情绪也很好奇，面试过后，面试官故意问周延："你来之后大家好像都变得非常高兴，发生了什么有趣的事情吗？"周延说了刚刚发生的事情。

当时离面试开始还有半个小时，他怕大家因为面试过度紧张，不能正常发挥，打算讲一件有趣的事让大家放松一下。于是他站起来，拍了拍手让大家注意到他，然后谎称让大家帮他一个忙。大家不知道周延要干什么，看着他的表情都非常疑惑。

周延笑了笑说，他这几天跟妻子闹别扭，战争不断升级，已经闹得不可开交了。虽然他求生欲一直比较强，总是先低头的那个，但是这次他要当一回钢铁直男，于是打算主动发个微信谴责妻子的过错。前一晚他自己编辑好的一条微信打算发给妻子泄愤，内容是这样的："我看你跟你妈一样不明事理，就爱冤枉好人。"

结果微信发送的时候，他一下按错了收件人信息，等明白过来，短信已经发送到岳母的手机上了。他不禁倒吸一口冷气，心想这下完了，不但得罪了妻子，还要把岳母拉进战争。当时他已经不敢回家，怕被"混合双打"，于是请求大家相助，看看谁能想出好的解决办法，救他于水火之中。

这当然只是一个笑话，是周延编造出来逗大家开心的一个故事。但是陌生的竞争对手们听了他的遭遇后哈哈大笑，心里紧张的防线一下子消失不见了。大家开始相互介绍，还一个接一个发言，给他支着儿，其中不乏更加搞笑的办法。他就这么自嘲，心甘情愿地给大家当了一回笑靶子。

面试官听完后也笑起来，接着问他："他们可都是你在面试中的竞争对手，你让他们放松心情，就不怕他们抢走你的机会吗？"

周延笑了笑，说："面试只是一次机会，如果这次失败了，我肯定还有别的机会。我看重的是能在面试中一次性结识这么多同道中人，这是一笔非常可观的财富。您看，临出门时，我跟他们互留了联系方式，不管是谁将留在这个公司，或者是进入其他公司，他们都能对我保持一个不错的印象。我相信，大家打交道的机会还不止于此，我也因此多了更多的机会，不是吗？"面试官听了他的一番话，欣赏地点点头。

周延是怎么通过优雅自嘲，让自己和别人打成一片，在职场发展中更顺利的？

周延利用了两个幽默心理的激发因素，一个是"预期违背"，另一个是"自嘲"。

周延在幽默策略中制造了两次意外，第一次意外是大家都紧张兮兮、互相不说话的时候，他突然站出来提问，打破了有压力的情景，给大家一个出乎意料的感觉；第二个意外是他用自嘲的方式讲了个故事，说自己把应该发给老婆的微信发给了岳母，不但没有解决家庭矛盾，还雪上加霜。这个意外不仅让人哭笑不得，还加深了喜剧效果。

周延用自嘲的方式发挥了幽默感，他调侃自己的家庭趣事，让大家都放松了下来，在面试后也认识了更多行业中的精英，为自己铺好了后路。

所以，如果一个人能够看准时机，运用这些方式幽默一把的话，不仅能博大家一笑，还能实际地帮助大家解决问题。

幽默是一种充满生活智慧的解决方法，那我们该如何运用幽默呢？

1. 制造"预期违背"

所谓的预期违背，就是制造意外感。一个人如果性格乖巧、听话，常常意味着没有想法、缺乏主见，容易被身边的人影响。而幽默效果的产生，常常出在"出人意料"和"一点违和感"上。当你的行为和语言超出了别人的预期，又让人觉得特别想笑的时候，幽默就产生了。

所以，如果你想练习幽默感，可以多收集自带意外感的图片或者对话。因为幽默是一种潜意识的思维习惯，当你看到一件事或者一段话的时候，如果有意识地多想一下这件事会有什么"意外"效果，慢慢地就会激活大脑里幽默的连接方式。

2. 运用自嘲手法

自嘲实际上就是主动降低你在别人心中的形象期待，通过讲述自己的尴尬遭遇，曝光自己的短板，让对方不再拘束。

人与人之间距离感的产生很多时候就是因为内心对自己评价很高，不愿意自降身价和别人联系。而自嘲就是自降身价的一个好方法，可以给其他人带来很高的心理舒适感。当对方自认为是一个强者时，你的可爱实诚就可以让对方放松防备，愿意和你拉近距离。

不过，能自嘲的人通常是非常自信的人，自嘲通常用在你比别人身份高，或者你和别人身份、资质能力平等的情形下。如果你实力比别人本身真的低很多，再自嘲的话，可能会引起反效果，导致对方对你的忽视。

3. 知道笑的原理

幽默是自我创造力的一种表现，使用幽默需要生活的洞察，也需要广博的知识。所以，我们想要激发自己的幽默感，要先知道笑的原理。

笑是一种潜意识的行为，很容易感染别人，如果一个人开始笑了，其他人也很有可能笑出来。最有可能让我们发笑的三件事大概是：优越感、意外惊喜和紧张状态下忽然的放松。

如果我们能够学会如何提升别人的优越感，给别人带来意外惊喜，或者让他人在紧张时获得放松，那么就学会了笑的原理，幽默也会手到擒来。

不同的人群喜欢的笑话种类也不同。有的人觉得耸人听闻的事情很好笑，有人则觉得讽刺的时评很滑稽。所以，想要恰当地使用幽默策略，还应学习各类不同的笑话，扩大自己的 "幽默圈"。

4. "严肃" 地开玩笑

在相声或脱口秀现场讲笑话可能显得不是很好笑，但是在疲惫的会议现场，你的笑话可能就会有人买单，因为无聊严肃的环境中开的玩笑往往显得更好笑。

这和人的心理期待有关系。在无聊的地方，我们已耗去了大部分精力，通常会对幽默有很大的期待，这时的幽默可以调动起大家的情绪，帮助大家熬过枯燥的时间。所以，比起本身就足够有趣的地方，工作场所的 "严肃" 笑话更容易让人发笑。

沟通小贴士

我们该如何激发幽默？

1. 制造"预期违背"。

2. 运用自嘲手法。

3. 知道笑的原理。

4. "严肃"地开玩笑。

构建心理图式，10 种超实用结束尬聊的破冰方法

聊天听上去是一件很简单的事，比如两个熟悉的好朋友，随便说点什么都可以聊一两个小时。但如果我们碰到的是一个陌生人，想要好好聊天就不一定是那么简单的事了。更糟糕的是，如果这个人还是一个不会聊天的人，分分钟能把天"聊死"，那么我们难免会陷入"尬聊"。尬聊会造成交流障碍，使气氛陷入冰点，算是沟通中的大杀器了。

那么，我们该如何摆脱尬聊，扭转局面呢？

心理图式法可以帮助你更好地利用幽默缓解尴尬，结束尬聊。

一、图式理论

我们先了解一个心理学的知识：图式理论。

"图式"一词最早出现在康德的哲学著作中，到了 20 世纪 70 年代后期，图式理论开始深入心理学领域，使心理学中关于人的认知的研究发生了深刻变化。格式塔心理学最早对图式给予了理论上的高度重视。瑞士著名的心理学家、教育家皮亚杰也十分重视图式概念，他认为"图式是指动作的结构或组织"。

1. 现代图式理论的要点

（1）图式描述的是具有一定概括程度的知识，而不是定义。也就是说，图式既描述了事物的必要特征，又包括其非必要特征。

（2）图式描述的知识由一部分或几部分按一定的方式组合起来。打个比方说，当你看到羽毛，你会认为这是一只鸟。鸟的特征有很多，比如翅膀、羽毛、鸟嘴等，当你看到任意一个特征，即便只是一个局部特征，你也会认为它是一只鸟。当人看到某些事物的某一特征，大脑会将其他特征组合起来，形成一个完整的画面，这就是图式理论的简单解释。

事实表明，当人们谈话的时候，大脑会对谈话中的某些信息格外关注，因为这些信息与你经历的事情有关、与你家人有关、与当前的情境有关、与你的喜好有关……而这些信息，就是进行图式联想的关键。

比如几个男人谈论游戏，有人对游戏如何升级感兴趣，有人对游戏的氪金感兴趣……不论对游戏有着怎样的兴趣，这都是大脑潜意识的思考过程。我们要留意大脑关注的地方，并进行图式联想。

2. 图式联想的两种方法

（1）图式上堆：比如家具，在平常的说法中，家具是房间的组成部分，在图式理论中，房间是家具的上级图式，家具图式的上一级就是房间图式。当你听到一件事的时候，你可以从它上一级更大的概念上展开图式联想，比如，"钓鱼"的上一级联想是休闲娱乐方式。

（2）图式下切：与图式上堆相反，下切属于组成当前图式的特征、条件或部分内容。比如家具里包含桌子、椅子、床……其中的任意一种，这些都是家具图式的下级图式。

3. 如何利用图式原理论证谈话更幽默

通常，一个风趣幽默的人会依据谈话的角度，做出各种图式联想使谈话有趣。这就是心理图式法在幽默策略中的体现。而幽默则是沟通中亲和力的体现，一个幽默的人受欢迎的主要原因就是他表现出的亲和力。当我们身处一个尴尬或者陌生环境中时，幽默中的亲和力就会变得尤为重要，这时的亲和力不仅可以帮助我们有趣地结束尴聊，还可以迅速拉近彼此的距离，让气氛变得轻松融洽起来。

而对毫无幽默感的人来说，虽然有时他们也会有图式联想，但这些联想大多不过是在脑海中一闪而过，并不是有意识的思考。所以，要想风趣幽默地说话，首先要有意识地进行图式联想。

如何利用图式理论让谈话话题变得幽默呢？相信我朋友的冯博的经历可以带给大家一些启示。

冯博是一家网购公司的老总，自己创业前在一家网购店担任客服经理。他处理过的订单几乎全是好评，部门的客服也是全公司业绩最好的。冯博自己创业后，因为丰富的客服经验，生意也越做越大。有朋友问他成功经营的秘诀，冯博说他也没有什么秘诀可以分享，实在要挑一个的话，那就是图式联想的幽默策略。

冯博很喜欢看喜剧片，喜剧片也丰富了他讲笑话的素材。有一次朋友跟冯博说："咱们去花果山旅游吧，听说属猴的凭身份证可以半价买门票。"冯博立刻说："我属猪，是师弟，是不是也有优惠？"

朋友被他的回答逗得哈哈大笑。

这就是冯博从喜剧电影《大话西游》系列里得来的灵感。

冯博休假时常常约着朋友一起去远足，或者带着公司员工举行团建活动，在野外烤肉，设计一些有趣的活动，让员工一起参加。

有一次朋友想约他周末去钓鱼，于是就跟他说："明天我们去钓鱼吧！"

冯博立刻答应了，笑着说："好啊，最好钓一条美人鱼。"

这个回答已经有点风趣的意思了。冯博又进一步图式联想——由"钓美人鱼"想到"和美人鱼结婚"（图式的上堆），于是又接了一句："我还没结婚呢，不知道河里有没有美人鱼。"

显然，这个回答比刚才的更有幽默感。

冯博自己比较幽默，也很喜欢跟幽默的朋友一起玩。有一次一个朋友失恋了，冯博就约了几个好朋友出来安慰他。一个朋友为了活跃气氛，就讲了个笑话，他说："有一天我去买早餐，在我家门口的小巷子里看见一个凶神恶煞的男人在抢一位女士的包，我想都没有想就冲过去把那个男的打跑了。我本以为美女会感动得以身相许，没想到我把钱包还给美女的时候，美女看着我，对我说：'要不是你长得丑，我就以身相许了。'"说完，这个朋友还抱怨说现在的小姑娘说话也太直接了吧。

大家听了这个故事都笑起来，失恋的朋友也不再眉头紧锁了。

冯博分享的几个诀窍说明，他风趣幽默的说话就是图式联想的结果。

那么问题来了：如何从谈话中找到图式联想的关键词呢？

其实根本不用刻意寻找关键词，因为它们会自动"跳"出来。

比如，冯博第一次跟朋友的对话就是一段较为复杂的图式幽默对话。首先冯博从"花果山旅游""属猴的……半价买门票"想到《西游记》（图式的上级），接着他又想起在《西游记》里猪（猪八戒）是猴（孙悟空）的师弟（图式的下级），然后幽默的对话就形成了。

冯博与朋友的第二次对话提到的"明天我们去钓鱼吧"，这句话其实说了两件事情：1.明天我们去干什么；2.我们去钓鱼。

假如明天已经有其他安排，那我们的大脑潜意识里就会想起明天的事情。因此在这句话中，我们会对明天的事情格外关注，而"明天"就是激活图式联想的关键词；如果明天没什么事情，我们会对钓鱼感兴趣，而钓鱼就成了激活图式联想的关键词。

因为谈话的注意力不同，引起的图式联想也不同。比如冯博比较关注钓鱼这件事情，为了幽默的回应，就把注意力转移到了钓鱼上，并开始图式联想。因此当他有意识地思考钓鱼的事情，就想到了"钓美人鱼"的图式——运用了图式的下切模式。

如果你想要变得幽默，想要积累更丰富的素材，我的建议是在关注这些谈话信息的同时，也要有意识地进行图式联想，千万不要让这些关键部分在脑中一闪而过。经常留意这些信息并进行图式联想，谈话会变得有趣，话题也更丰富。在我们认识的人中，总有一些人滔滔不绝、话题特别多，那是因为他们大脑中快速的图式联想能力非常强。

当大脑关注某些谈话信息时，我们可以从图式的上级或下级进行图式联想。大脑既然对这些信息比较敏感，肯定能想起什么。不论想起的事物是图式的上级还是图式的下级，都不重要，关键是你想起了什么——这就是幽默沟通的非常重要的一个技巧：留意感兴趣的谈话信息并进行图式联想。

使用心理图式法还有一个技巧就是收集对方关心的话题，针对他们讨论的焦点去拓宽自己的知识面，做到知己知彼，才能将对方吸引过来。

二、10 种结束尬聊的方法

最后给大家分享 10 种超实用的结束尬聊的小方法。

1. 用 SCP 法则夸奖对方

和对方聊完三句后，用 SCP 法则夸奖对方。不要一上来就夸奖别人，会显得不太走心。那什么是 SCP 法则呢？ SCP 就是 specific compare empower（细节、比较、赋能于人）。例如，你想夸一个女生身材好，直接夸就显得很虚伪，可以从细节夸她有马甲线，或者用比较法夸奖她比自己身材好太多，或者从赋能于人的角度夸她身材好肯定是因为自律。这么一套"组合拳"打下来，对方就会被你夸得心花怒放。

2. 注意烘托聊天的气氛

有时候大家聊天难免会遇到尴尬时候，这时候如果不带技巧地把真心话说出来，就能很好地缓解紧张气氛。大家要记住一点，聊天最重要的不是内容，而是氛围，因为很多人聊得开心，大部分是因为氛围让他感到开心，而不是因为自己说了什么感到开心。

3. 用正向反馈打动对方

当你兴奋地给对方讲一件自认为有趣的事，而对方却总是一副心不在焉的样子，相信你顿时就没了讲话的热情。所以，聊天是需要互动的，只有正向的反馈才能打动对方。如果聊天时总是摆出一副"少见多怪"的样子，对方肯定也不想跟你聊下去了。

那怎么给对方积极的正向反馈呢？可以说"真的吗""真有趣"等句子，这种"一惊一乍"的反应最能鼓励对方讲下去。

4. 真诚地夸奖对方的变化

真诚地夸奖对方的变化，会让对方觉得你一直在关注他。话题可以是外貌的提升，也可以是职业的变化，总之你的关注可以让话题友好地进行下去。

5. 迅速寻找共同点

大家都知道相似点相互吸引、不同点相互排斥的道理，所以在与人沟通时要迅速寻找和对方一样的共同点。籍贯、星座、职业、爱好都是我们寻找共同点的切入点。当我们找到了双方的共同点后，就能快速得到对方的正面认同。

6. 初次聊天，不要轻下定论

初次聊天，在不了解对方的情况下，轻易下定论容易招来对方的反感。比如你开了籍贯的玩笑，别人有可能就觉得你是地域黑，这样只会把天聊死。所以，讲笑话前要先了解下对方的基本信息。

7. 多问开放式问题，少问封闭式问题

封闭式问题是话题的终结者，只有开放式问题才可以让话题继续下去。比如，你问别人："你每天起那么早，困吗？"答案显而易见。

而如果你换成一个开放式问题："你是怎么做到每天起那么早的？"别人的回答就有很多种了，说不定还可以专门发一个朋友圈来回答你。

8. 快速定位到最近的某件事

遇到不熟的朋友，不知如何打开话题时，可以快速提起他最近发生的一件事。这样就可以迅速拉近彼此的关系，不用继续尴尬下去了。

9. 把分享包装成秘密

把自己要分享的事情包装成秘密可以快速获得对方的信任，比如"这个秘密我只告诉了你"，对方一听立马就会觉得和你关系不一样了。

10. 真诚地对别人感兴趣

真诚是建立良好人际关系的第一步，真诚地对他人感兴趣也是打开话题的一个小诀窍。真诚会让彼此把聊天当成一次美好的互动，聊完之后大家说不定都能发现对方的优点。

◀ 沟通小贴士 ▶

超实用的 10 种结束尬聊，积累幽默的小方法：

1. 用 SCP 法则夸奖对方。

2. 注意烘托聊天的气氛。

3. 用正向反馈打动对方。

4. 真诚地夸奖对方的变化。

5. 迅速寻找共同点。

6. 初次聊天，不要轻下定论。

7. 多问开放式问题，少问封闭式问题。

8. 快速定位到最近的某件事。

9. 把分享包装成秘密。

10. 真诚地对别人感兴趣。

主动沟通：
5 分钟主动开口法，快速掌握
主动权

杀伤力指数：★ ★ ★ ★

亲和力指数：★ ★ ★

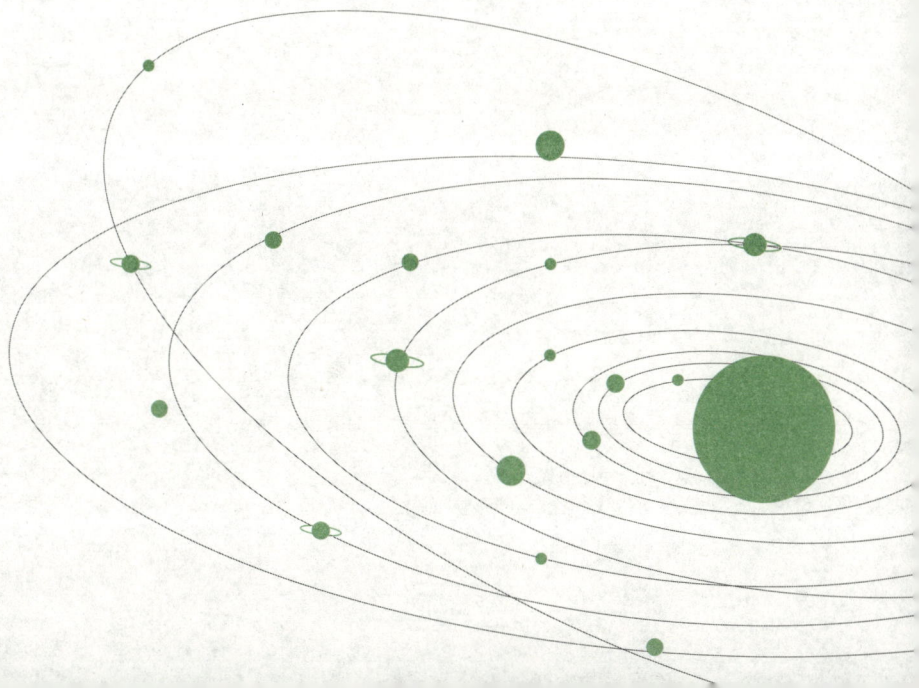

魔板竞赛，利用先发影响力比别人更快成功

在企业的拓展训练活动中，有一项比赛叫魔板，要求把十几块凹凸的魔板按照形状咬合，在很短的时间内拼成一幅既定图形。这个跟转魔方差不多的游戏难倒了不少人，因为它要求的不单是智慧，更是无数次失败后不断投入重新尝试的速度，参赛者必须一次次发挥自己的想象，并且大胆重新尝试。

在这类游戏中，通常都会有不同类型的人扮演几种不同的角色。一种是在一旁议论指挥，但不参与动手的人；一种是依赖旁人的意见，别人说怎么拼就怎么拼，闲置自己的思维，甘心充当苦劳力的人；还有一种人抱着胳膊站在一旁，什么也不想，更不去做，好像是个局外人；当然也有最积极的一种人，他们不仅吸取别人的意见，更喜欢自己动脑，设置方案，并一次次动手去做。最后一种类型的人就是具有主动性的人。

这个游戏可能会让你回想起自己类似的经历，而每一组任务的完成很大程度上是由最后一种主动型的人完成的。也就是说，在一项团队活动中，有想法、有创意，同时动手去做的人，会成为这个团队的中流砥柱。如果你具有主动心理，还能比别人快半拍，那么，你就会更快成功。

一、何谓主动心理

那么，什么是主动心理呢？

主动心理的关键是主动性，是指个体按照自己规定或设置的目标行动，而不依赖外力推动的行为品质。美国著名发展心理学家爱利克·埃里克森认为，主动性是个体心理社会性发展的第三个阶段，这一阶段具有主动性的儿童（3—6岁）对外界事物感到好奇，充满兴趣，会积极探索和控制外在环境，形成目的意识，为自信心和创造性品质的形成打下基础。

主动就是人在完成某项活动的过程中，不用外力的推动而行动，使事情按照自己的意图进行。但是只有热情毫无头脑的实干者不能称之为主动，满腹经纶而不付诸实践的空想家也不能称之为主动，只有设想、实践双双具备的人，才能算是真正发挥了主观能动性。

主动性是人际吸引的重要影响因素之一，体现的是沟通中的杀伤力。当你身处一个团队中，又有自己的想法和创意时，主动沟通中的杀伤力就会变成一种极强的把控能力，帮助你利用先发影响力成为团队的中流砥柱，比别人更快成功。主动沟通中的杀伤力也是一种自我提升的力量，暗藏着巨大潜能，一旦发挥充分，它将成为你职场成功的原动力，让你比别人更快达到目标。

程烨是我认识的一个刚毕业的职场新人，主动性成了他职场成功的原动力，让他打败了成绩优异的学长。

案例　　程烨大学毕业后进入了一家业界有名的广告公司。他入职后，发现之前认识的学长袁鑫也在这家公司上班。袁鑫读书时成绩一直很好，还是当年的优秀毕业生，被专业老师给予厚望。但程烨进了公司，发现袁鑫已经工作两年了还只是策划部的一名小职员，并没有负责什么重要的工作，不忙的时候还要在办公室打打杂。

程烨有些不解，袁鑫却说，策划是创意类工作，不能急于求成，总有一天他会大展拳脚，写出完美的广告策划案。

程烨成绩不如袁鑫那么优秀，但是他有个优点，就是做什么事都积极主动、踏踏实实。所以，他入职后就积极向前辈学习，帮做策划案的同事收集资料，跟着他们一起加班，学习怎么修改方案。程烨进公司没多久，策划部的同事们就都喜欢上了这个新来的小同事。袁鑫却觉得他是一个谄媚的人，渐渐疏远他了。

不久前，策划部接到了一个大项目，虽然项目的预算很可观，但是客户的需求非常细化，为了配合客户完成需求定制，策划部的员工接到任务后就开始收集资料、寻找资源，做各种协调工作。程烨是新员工，暂时没有独立负责策划案的资格，仍跟着同事们忙进忙出，想为项目出一份力。

过了一段时间，由于项目工作量过大，经理打算从新人里抽一个人出来负责项目中一个环节的策划案。袁鑫虽然不是新人了，但是他自进公司以来也没出过什么像样的策划案，这次很想表现自己。他认为自己有实力也有经验，自信地认为经理一定会选自己。结果却是程烨接到了这项任务。

袁鑫有些不解，于是去找经理，想要问清楚。经理一直挺欣赏袁鑫，知道他有才华，就是有些自视甚高，于是耐心地跟他说："小程是你的学弟，虽然才华不及你，但是他有一个优点就是主动性强。这是你应该学习的地方。"

袁鑫没有说什么，但是表情看起来有些不服气。经理笑了笑说："人家说笨鸟先飞，主动性在职场上比其他品质都可贵。你去辅助程烨一起完成这个策划案吧，顺便看看程烨是怎么工作的，也许能有一些体会。"

袁鑫没有得到工作，反而被派去辅助程烨，更加不服气了。但是跟程烨工作了一段时间，袁鑫慢慢适应了程烨的节奏，确实对这个学弟也有了新的认识。

由于项目平台比较大，需要很多个产品的全力支持，程烨在找其中一个产品负责人时，她的态度不是很好，而且因为工作忙，她也没时间跟程烨多说什么，更别提工作主动性、团队合作了。程烨并没有抱怨，回来后详细罗列了自己的需求，又去跟这个产品负责人对接。产品负责人对程烨的认真态度很是惊讶，对他的态度也有了改观，最终经过交涉给了他需要的资料。

经过这一次，袁鑫终于明白了经理所说的主动性，他也开始慢慢跟程烨学习。最终两人齐心协力，完成了策划案。

经理为什么会选择程烨负责项目呢？是因为他工作能力比袁鑫强吗？

经理选择程烨是看中了他的主动性。作为一个新员工，程烨并没有只关心自己的工作内容，而是主动向有经验的同事学习新知识，心甘情愿地配合同事们一起加班。袁鑫恰恰相反，他不仅没有积极性，也不再像刚参加工作时那样努力，因此错失了很多成长的机会。

在工作中，越是主动性强的人，越能积极地汲取知识，提高自己的能力，这些知识和能力就是你在职场上和别人竞争的资本，也是属于自己的独特优势。

程烨作为拥有主动性思维的人，不仅能够不断获取新知识，还会不断更新自己的想法，思考自己在工作中存在的问题。他在收集资料过程中被拒绝时，并没有直接找上司哭诉，而是主动思考，总结问题，修正了自己的做法，最终达到了自己的目的。在这个过程中，不断地自我反思也是一个主动性的体现，一旦养成了不断修正自己的好习惯，时间一长，自然就会比其他同事优秀很多。

二、怎样的主动是有效的

那么主动的依据是什么呢？怎样的主动才是有效的，是能够帮助我们快速取得成果的呢？

1. 结果为王

先给自己提一个问题，当你的领导交给你一项任务，他要的是什么？

没错，答案只有一个，就是结果。而且领导最感兴趣的也只有结果，关于解决问题的过程以及遇到什么难题，原则上是你自己的事情。即使情况特殊，真的无法给出领导想要的结果，也应该在交付结果前给出不能完成的理由。而给予的理由也应该起码包含三个部分：一是目前事态，二是为什么无法完成，三是如何改变现状。

职场上最大的忌讳是在问题和领导之间简单地充当传声筒。发挥主观能动性的目的是得到最终结果，不管你决定采用怎样的方法，都应该以得到结果为最终目标。若是盯着一个结果行动起来，打破一切障碍，那么成功就是你的。

2. 保持 all in（全部投入）状态

有一项调查表明，一般人员在同行业同岗位的职业热情保质期超不过半年。半年以后要么接着混日子，要么换个地方混日子。

这其实就是无法坚持主动或者主动的时候难以全力以赴造成的。比如说,有的员工工作 10 年了,手中积累了很多客户资源,有时候仅靠熟悉的几个客户,一个季度的任务就能完成了。这种情况往往会造成员工的惰性,工作中就更没有主动性了。

我们在职场中难以永久地保持工作的热情。每天面对重复了上百次上千次的工作,你可能自己觉得轻车熟路,精神高度放松,无论发生什么局面,职场老员工都能迅速摆平,把问题处理得不留痕迹。但真的这样做就够了吗?

这时候需要的就不仅是主动,还要让自己一直保持 all in(全部投入)的状态。越是过了保鲜期,有一定资历的员工对自我的挑战越大。想要不断地超越自己的成就,就不能得过且过。只有这样,才不会过度放松,脱离职场的节奏。

三、发挥主动性的注意事项

既然主动性在职场中如此重要,那么主动心理中需要注意些什么呢?

1. 不要在领导思路明确时提出要求

如果你想用自己的想法去影响领导的决策,一定要选好前提和主动出击的时间。最好是在领导还没有任何思路的前提下主动出击，以先入为主的优势，让自己的思路占据对方大脑，让那些有见地又有把握的观点走捷径进入领导的考虑范围。

如果情况相反，领导解决问题的思路已经很明确，你的解决方案对领导来说意义不大，这时的主动出击只会被认为是挑衅权威，除非你有十足的理由证明领导的方法是错误的，不然很难达到让他信服的目的。

2. 不要在领导忙碌的时候提出要求

人在轻松的时候，会放弃一切紧张情绪，是最容易接受外界信息的，如果你能抓住这个时间空当，就能比别人更容易获得成功。所以，只有当领导没有大堆公务缠身时，才可能有时间停下来倾听你的陈述，这个时候才是向领导提出要求的好时机。

如果此时办公桌上文件堆积如山，经理正埋头在公务中头昏脑涨，即使给你时间陈述，他因忙碌而产生的厌烦情绪也很难让他心平气和地听完你的话。

3. 学会站在领导的角度思考问题

职场上，员工不仅要做好自己的工作，还要为领导分忧。所以发挥主动性时要时刻站在领导的角度思考问题。领导面临的问题往往比员工复杂得多，如果你仅仅从自身的职务出发考虑自己的工作，不能领会领导的意图，也就不能为上级"分忧解难"，那么你的主动性也就用错了方向。

　　作为员工，你应持续不断地思考工作中存在的问题，学会换位思考，理解领导的困境，持续不断地使自己的工作更加合理化，这才是主动思考、积极行动的精髓。

> ### ◂ 沟通小贴士 ▸
>
> **主动的依据是什么？**
>
> 1. 结果为王。
>
> 2. 保持 all in 状态。
>
> **主动心理中需要注意什么？**
>
> 1. 不要在领导思路明确时提出要求。
>
> 2. 不要在领导忙碌的时候提出要求。
>
> 3. 学会站在领导的角度思考问题。

主动心理术，开口即能吸引别人注意

职场上是不是常常会碰到这种情况：你起草了一份报告，上司不满意，接连改过几次后，最后却改回了你最初的版本。你花费了时间和精力，报告的价值却迅速贬值。大家只会认为这份报告是上司让你改出来的，而非你自己做出来的。但就算有这样的困扰，你也只能按照上司的要求去做，却不能去影响上司的想法。

可是有些人就非常善于影响对方的决策。可能你说十句上司都听不进去，但是有些人一句话就能引起上司的注意，得到领导的认可。

为什么有些人一开口就能立即吸引别人的注意呢？

这些人的秘诀就是使用主动心理术。这里的主动性是强势的体现，是沟通中的杀伤力。主动性中的杀伤力可以让你在沟通中占据主导地位，促使沟通的天平向自己倾斜，引导事物向自己期待的那个方面发展。所以，主动心理术中的杀伤力是重要的沟通工具，可以帮助你掌控沟通的节奏，甚至主导沟通的最终结果。

把握好时机，主动出击就能顺势掌握主动权，主导事情的发展态势，引导他人做出符合你希望的决定。

我的朋友臧岚几乎是上司眼中的完美员工，她成功的秘诀就是懂得通过主动出击开口，吸引别人的注意。

案例

臧岚是一家外贸公司的职员，她虽然入职时间不长，却是公司的大红人。因为臧岚的报告每次都能很快通过，同事们都非常奇怪，不知道她有什么诀窍能不费什么周折就让经理满意，有时经理甚至还会当众把她夸奖一番。

众所周知，经理是个完美主义的处女座，最擅长鸡蛋里挑骨头。其他同事交上去的报告都要被勾勾画画，改了又改。大家怕被经理挑毛病，宁可在经理不在办公室的时候把报告放到他办公桌上，也不愿意当面交给他，万一经理问起报告里的问题，要是答不上来不知道又要挨多少批。

车越和臧岚在同一个部门，有次经理让她起草一份报告，为了谨慎起见，车越打算先向经理了解一些相关情况。经理却没有明确回答她有什么要求，只是让她自己把握，等报告完成了再说。

结果车越的这份报告前前后后修改了十几次，耗了她一个星期的热情，而且其间还夹杂着经理随时不满意的批评。车越改来改去，经理终于敲定了报告的终稿。车越却发现经理最后定的就是她最初写的那个版本。车越忍不住头大，她改来改去，忙活了那么久相当于坐了一路的冤枉车，拐来拐去，又回到了起点。

车越搞不明白经理的意思，只好向臧岚求助："为什么我写来写去，经理都不满意，看来我也只能趁经理不在把报告偷偷放在他办公桌上了。"

臧岚笑笑说："你可不能偷偷把报告放在经理桌子上，反而要主动找他，亲手提交报告。"

车越惊讶地说："如果经理不满意的话，那样不会挨骂吗？"

臧岚神秘地说："当然不会，我教你怎么做。"

臧岚拿起自己写的一份报告，找准时机走进经理办公室，把报告递给经理。经理随手打开这份报告，翻阅起来。

这时，臧岚说："如果您现在有时间，我想先跟您简单说一下这份报告的情况。而且我在起草这份报告时，还触发了一些其他的想法，想一起给您简单汇报一下，希望可以节省一些您阅读它的时间。"

经理很高兴地笑了笑，示意臧岚坐下。这种类似于交流思想式的上下级谈话，正是掌握员工思想动态的最佳时刻，一般每个团队的领导都不会错过。作为管理者，经理也很开心下属愿意分享自己的看法。

臧岚显然经过精心准备，得到经理的首肯后，开始不慌不忙地讲述报告的内容。她从条理到行文逻辑，特别是针对报告的主要内容，有理有据地讲出了几个观点，其中还引用了经理经常在会议上所做的批示。她的叙述条理清晰、简洁有力，经理即使不看那份厚厚的材料，也已经听出了其中的有效信息。

经理一边仔细听藏岚的叙说，一边心不在焉地把报告翻上两页。臧岚边说边看经理的神情，看到他不停地点头表示赞同，便在经理点头并微笑的地方具体展开，详加论述。

臧岚说完的那一刻，经理报以赞赏的微笑，说："臧岚，你的报告很有见地，好多地方我们都想到了一起。报告我看完会尽快给你答复，请耐心等待。"

　　臧岚退身出来，向车越举起右手，做了个胜利的手势。

　　之后，车越根据臧岚教的方法也很快得到经理的肯定，完成了自己的报告。

案例解析

　　臧岚是如何使用了主动心理术让自己在与领导的谈话中，占据了优势地位呢？

　　第一，结论先行。臧岚身为公司的一员，没有机械地完成领导交给自己的任务，而是站在上司的立场上，先主动阐述自己报告中的核心内容，让上司现在就知道报告的重要结论，也就使审阅工作变得更加轻松。

　　第二，关注身体信号。臧岚在汇报的时候看到经理一边听边一点头，有的时候还会心一笑。她抓住了这个很重要的信号，说明这个地方是他感兴趣的，正是关键所在，主动及时地给出反馈和完善。这一方面体现了臧岚主动思考的习惯，另一方面能得知上司真正的想法，有助于更高效率完成上司交代的工作。

　　第三，积极回应。臧岚还主动思考经理平时做出的指示，并在撰写报告时将这些批示加入报告中，这些观点很大概率会与上司的想法不谋而合。积极思考上司的需求，可以让自己的工作更容易得到肯定。

主动精神是现代职场最可贵的工作态度，主动的员工通常是团队中最好的伙伴，是人人都想要争取的团队成员。因为，在面对困难时，主动性是解决一切问题的万能钥匙。在竞争异常激烈的今天，想要在职场上站稳脚跟，就要时刻保持主动性，只有看准时机主动出击，才可以掌握主导权，引领局势的变迁。

面对难以沟通和追求完美的人，往往主动出击更能吸引别人的注意，得到认同。那么主动性在沟通中有哪些注意事项呢？

1. 先入为主

主动出击，往往可以影响一个人的决策。这在心理学中称为"首因效应"，也称为"第一印象作用"，或"先入为主效应"。第一印象作用最强，持续的时间也长，比以后得到的信息对于事物整个印象产生的作用更强。

上级在给我们分配任务时，其实有时候思路也不是很明确，甚至毫无想法。我们冥思苦想出来的结果，即使很有价值，也有可能被他的个人喜好挟持，逃不脱被否定的命运。最后可能兜兜转转改了一圈，上司还是觉得原来的好。这时就需要我们先入为主，率先让他了解报告的大致情况。

了解之后，上司可能就会按照所了解的情况去审阅报告，你的很多观点会再一次在上级那里被强调、被印证。经过思考，观点如果有道理，他当然会照单收下。当然，这也要求写在报告中可能对他产生影响的观点是经过认真思考之后的结果，不能违背公司和领导一贯的做法。

2. 主动询问

主动询问，建立沟通关系，可以帮助你更好地了解上司想要的结果，避免一次次修改的命运。不过，主动询问也有技巧，不能贸然出言，不然会造成反效果。

第一，超前思考工作。先了解上司给你分配工作的具体内容，推测工作的大体要求，然后根据这些询问一些具体问题，为要完成的工作提前准备。这样，成功率才会更高一些。

第二，可以询问具体的工作程序、规范，以保证工作质量良好。

第三，坚持工作创新。在理论上、实践上有思考，在工作内容和工作方法上有探索，并主动与上司分享，这样才能做出一定的工作成绩。

总之，主动询问要有的放矢才能符合对方的兴趣，不能"驴唇不对马嘴"。这样，才能利用主动性顺利搭好和上司沟通的桥梁。

3. 向前一步

态度积极体现在不是每次任务都要被动地等领导询问，而要主动向前一步，主动汇报，这会给别人留下一个好印象。哪个上司不喜欢积极主动的员工呢？而且在主动的过程中，你做出的努力会被上司看到。即使观点不完全正确，有待思考、有待检验，但在上司还没有思路的时候，你的思路或多或少都会对上司产生影响。积极主动地将报告说给上司听总比他自己阅读来得快，而且效果更好。

4. 利用共鸣

主动心理术还需要利用彼此的共鸣。在向上司汇报工作或者分享观点时，要多注意上司的反馈。这个过程中，上司的点头或会心一笑，都是很重要的信号，说明这个地方是他感兴趣的，是内容的关键所在，这时就要主动及时地给上司以反馈和完善。这有可能是工作中需要深入挖掘的地方。与上司产生共鸣，也称"共振"，说明你们此时在同一频率，所谓同频吸引，上司对你的认同与欣赏也会更多一分。

◄ 沟通小贴士 ►

主动性在沟通中有哪些注意事项？

1. 先入为主。

2. 主动询问。

3. 向前一步。

4. 利用共鸣。

时钟法与文件箱策略：对抗消极力的两个重量级工具

　　主动性强的人都具有很强的自觉性和能动性，会成为职场中最受欢迎的人。如果你不具有主动的性格，或者已经习惯了承担轻松、程序化的工作，应该怎么培养自己的主动性呢？

　　主动性体现的是沟通中的杀伤力，看似是向他人主动出击，实际上体现的是一个人对自己命运的掌控能力。这种杀伤力体现的不仅是一个人的自控能力，也体现了一个人自我成长的能力。当你在舒适圈中养成了懈怠的坏习惯，那么就应该警惕起来，要将如何培养主动性提上日程。因为主动性强才能提高自己的效率效能，充分发挥自己的价值，不做别人对手戏中的"工具人"。

　　表面上看，主动性差是自信心和工作态度问题，从深层次上看，却是知识、经验积累不够的问题。所以，不管是在生活中还是在职场中，当你想要保持积极主动，除了要有态度和意愿之外，还应该找到合适的方法辅助自己。

培养主动性的方法有哪些呢？

首先我们来介绍两个工具：时钟和文件箱。

如果你的工作状态不好，非常没有精神，这时候就需要找个方法调节，你可以尝试一下在办公桌上放一个文件箱和时钟。其实，"文件箱"和"时钟"只是一种比喻，现在有很多软件可以用来提醒时间和要做的事项，大家可以根据自己的习惯来安排。

时钟起到的是提醒的作用。按照总的工作进度，给自己负责的项目制定期限，用时间不停地提醒自己。哪个时刻该干什么，不该干什么，对时间做出承诺，以必将完成的心态积极去面对自己的工作。严格执行工作的进度计划，你就不会落在别人后头，这是保持主动的一个秘诀。跟着时间走，不给自己留有沾染不良习惯的机会。

文件箱可以让自己变得更有条理。你可以按照轻重缓急的顺序把工作文件整理好，紧急的放在最上面，紧急度其次的放在下面，以此类推，并对文件箱进行定期清理，防止有积压过期的事情没有处理，也可以随时甩掉不必要花费时间去解决的文件夹，节省自己的精力。随时查看你的文件箱，时时提醒自己需要及时完成哪些任务，保持主动的常态，自然不会滑向懈怠。

同时，如果你希望效率更高和清爽一些，也可以尝试把乱糟糟的办公桌收拾得干净整洁。脏乱的办公环境会影响到你积极的情绪。每天下班前整理好自己的东西，给第二天上班的你一个舒爽的心情，也是保持积极主动的好习惯。

使用这两个工具的依据是什么呢？

那就是时间管理。如果别人十分钟干完的事情，你两分钟就能做完，那么你就拥有了别人五倍的人生。因为，谁能合理运用时间，谁就掌握了主动权。

时间管理就是通过事先规划，运用一定的技巧、方法与工具实现对时间的灵活以及有效运用，从而帮助人们完成工作，实现目标。时间管理的重点并不是把所有事情做完，而是更有效地运用时间。时间管理不是完全的掌控一切，而是降低变动性。时间管理最重要的功能就是一种提醒与指引。它是一种自我管理，自我管理即改变习惯，让自己更有绩效，更具效能。学会掌控时间，合理安排自己的工作和生活，最大限度发挥时间的效力，提高工作绩效。

19世纪意大利经济学家帕累托的80/20原则，其核心内容是生活中80%的结果几乎源于20%的活动。比如，20%的客户给你带来了80%的业绩，可能创造了80%的利润，世界上80%的财富是被20%的人掌握着，80%的人只分享了20%的财富。因此，要把注意力放在 20% 的关键事情上。

我听说过这样的一个职场故事，能够很好地向大家展示技巧和工具是如何提高主动性的。

向蓉是一家传媒公司的项目经理，原本她也是懒散迷糊的性格，在职场摸爬滚打几年后，终于变成了"女强人"。她有一个写得密密麻麻的小本子，下属们都戏称那是他们经理的武功秘籍，只有向蓉知道，本子上面记的不过是她当天要做的事。

向蓉刚到公司时也没少挨批评，她本身没什么工作经验，性格也比较"佛系"，工作上只求不出错，并没有什么积极性。但是传媒行业公司工作节奏一般比较快，向蓉因为工作进度问题经常挨批。有一次公司主办一场新闻发布会，快结束时临时加了媒体采访环节，经理虽然提前交代向蓉通知接受采访的嘉宾，但是向蓉没负责过相关的工作，等媒体采访时，嘉宾已经走得差不多了。事后，经理把向蓉狠狠批评了一顿。向蓉有些委屈，觉得自己没负责过类似的工作，做不好也情有可原。

向蓉原本没有觉得这个错误有多严重，直到人事经理通知她过去谈话，她才意识到自己可能犯了大错。

　　人事经理跟向蓉是校友，对她的态度很和善，笑着问她："你是传媒专业毕业的，没想到你对这份工作那么不积极，是不喜欢这份工作吗？"

　　向蓉摇摇头，有些茫然地说："我很喜欢这份工作，上次出错是因为我没做过类似的工作，我也不是故意的。"

　　人事经理听了这句话，瞬间明白了向蓉的问题所在，耐心地对她说："我也是从小职员做起的，一个新员工不可能什么都做过，你想进步只能主动学习，没有主动性的员工无论到哪个公司都是没有前途的。"

　　向蓉被人事经理说中症结，有些不好意思地说："我知道自己主动性差，我也很想改正，就是不知道该怎么做。"

　　人事经理想了一下，笑着说："主动学习，管理好时间，厘清自己的工作。你先做好这几点吧。"

　　向蓉听了人事经理的话，回去后就做了一张工作进度表，按轻重缓急把要完成的工作详细列好，并注明了完成时间。为了提醒自己，向蓉还做了个备忘录，把重要的工作都放在了备忘录里。这个备忘录后来就变成了她随身携带的小本子。

　　养成了这个习惯后，向蓉的工作质量大大提高，项目经理交代她的工作，她基本都能出色地完成。向蓉还在工作中意识到了自己的不足，常常向有经验的同事们学习。后来，不仅是自己职责范围内的工作，即使不是经理特意安排的工作，向蓉也知道主动去做，分担了项目部的不少工作。向蓉本来就是传媒专业的优秀毕业生，主动学习后，进步飞快，很快就能独立负责项目了。

没过两年，向蓉就升任了项目部经理。有一次向蓉跟人事经理聊天时才知道，人事经理找她谈话那次本来是想劝退她的，看她年轻才给了她一次机会。

人事经理还跟她开玩笑说："幸好你没有执迷不悟，靠自己的努力救了自己。"

向蓉听后暗自庆幸，如果当时自己一直懒散下去的话，也许就没有现在的成绩了。

案例解析

人事经理为什么一开始没有劝退向蓉？向蓉又是如何提高自己的主动性的？

员工的主动性是可以培养的。人事经理跟向蓉谈话时，发现她已经认识到了自己的不足，也有意向做出改变，所以给了向蓉一个改进的机会。事实证明，培养出了主动性的员工可以给公司带来惊喜。

向蓉首先学会了时间管理，把自己的工作按轻重缓急理顺，大大提高了工作效率。

向蓉有了主动意识，从根本上提高了自己的主动性，不需要上司吩咐，已经可以主动分担部门的其他工作。思想意识上的主动才是真正主动。

向蓉的改变有一部分要归功于人事经理的指点，外部的正向激励推动也是员工培养主动性的主要原因之一。

所以，主动性是可以培养的，用对方法就可以帮助自己变被动为主动。那么，工作中的主动性，需要注意什么？

1. 多请示，早汇报

职场上，经常会出现上司和员工意见不一致的情况。这种情况下就需要员工及时和上司沟通，多请示，早汇报，积极改进做法，争取早日和上司达成一致意见。

如果和上司意见有分歧时，不及时汇报，而是自作主张按照自己的意见做，不仅不会获得上司的肯定，可能还会耽误整体工作进度。

2. 确保做到位

从执行力的角度看，做、做到和做到位是有区别的。很多职场人都说"我做了呀"，但是这离做到位还是有很大差距的。我们发现，越是处于管理岗位的人，对自己的做到位的标准要求越高，如果你能以上级的标准对自己提高要求，既是给自己锻炼的机会，也是一次自我的调整和升华。

3. 克服"等会儿再做"

习惯拖延时间使很多人经常落入"明日复明日"的陷阱。"等会儿再做""明天再说"的拖延循环会彻底粉碎制订好的全盘工作计划，并且使自信心产生极大的动摇。"今日事今日毕"体现的是一种强有力的执行力，这种执行力将指引自己按照设计好的轨道走向成功的彼岸。时间管理的重点不在管理时间，而在于如何分配时间。人永远没有时间做每件事，但永远有时间做对你来说最重要的事。

4. 抓住"黄金时间"

抓住"黄金时间"，有效的时间管理意味着合理安排各项工作。

每个人都有两种黄金时间。一种是内部黄金时间，是一个人精神最集中、工作最有效率的时候。内部黄金时间因人而异，在通过观察掌握了自己的内部黄金时间时，可以用这个时间段处理最为重要的工作。另外一种是外部黄金时间，是指跟其他人交往的最佳时间。虽然外部黄金时间需要遵循他人的日程，但可以利用这段时间充分表现自身的优势。

◀ 沟通小贴士 ▶

工作中的主动性，需要注意什么？

1. 多请示，早汇报。

2. 确保做到位。

3. 克服"等会儿再做"。

4. 抓住"黄金时间"。

退让沟通：
5分钟退让进取法，早做准备
得成功

杀伤力指数：★★

亲和力指数：★★★★

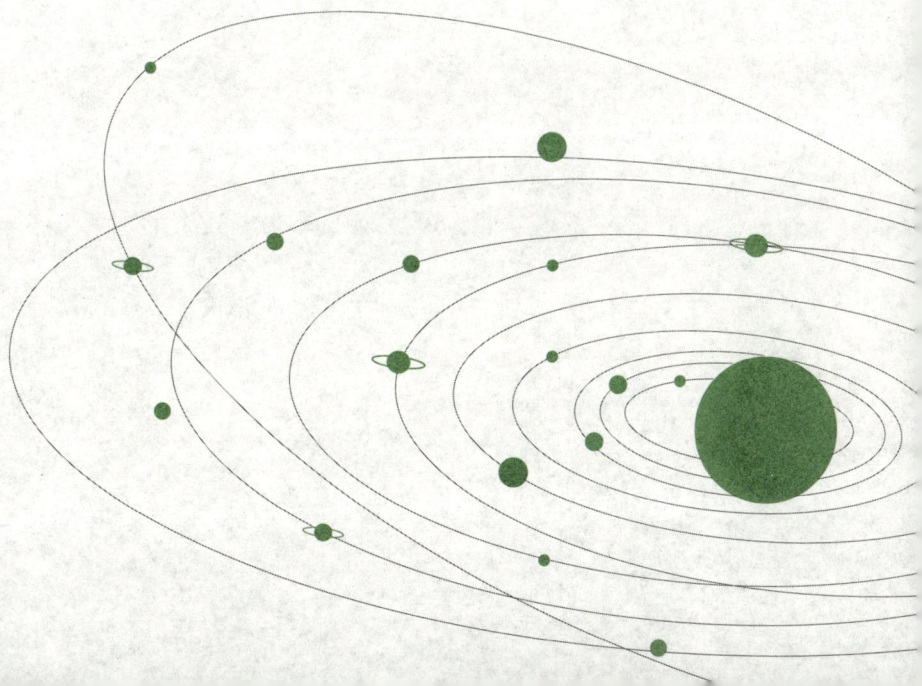

打破限制，以退为进让你笑到最后

大家都明白退一步海阔天空的道理，但是现实中很多人为了面子或者争一口气，总觉得退一步太亏，怼几句才神清气爽。这种并不是为了某些真实利益的好胜心理，往往会酿下巨大的祸患。

比如，夫妻之间因为一时的争吵，谁都不肯让步，很有可能导致离婚；朋友间为了一时的面子，谁也不肯先低头，可能导致友谊瞬间破灭；跟客户不是为了利益而为了面子斤斤计较，可能会丢了大项目。这时就需要适度的、有原则的退让。

那么，到底什么是退让呢？

其实这里所说的退让并不是让大家逃走，反而是以退为进，意思是谦让，体现了沟通中的亲和力。在职场上，有的时候你硬着头皮往上冲，并不一定能得到好的结果，而以退为进，迂回向前，却往往能给人更多的空间，让事态朝着良好的方向发展，这就是退让效应。

适当的退让可以消除他人心理上的防备和敌意，在沟通中表现出亲和力。退让是沟通中的积极策略，也是接近性策略，可以拉进沟通双方的距离，能避免因误解造成的不必要的麻烦。事业上成功的人，通常会把退让当作生意场上的一种策略。退让并不是真正的软弱，适当的退让反而是一种迂回的进取。

我们不妨把这里提到的"退让"理解为给自己准备的一个台阶，等到高处不胜寒时，正是它派上用场的时候。

陶旭是出名的老好人，职场上他经常使用退让策略，却从未失去底线，他是如何做到的呢？

<blockquote>
案例

陶旭就职于一家贸易公司，任业务部副经理。他的顶头上司刘渊从公司创立那天起就跟着老总一起打拼，是公司的元老级人物。刘渊做事雷厉风行，一直以强势严厉著称，连老总都有些怕他。

陶旭的性格跟刘渊相反，他是个慢性子，做事不急不躁，条理分明，虽然对下属的要求也严格，但是不固执，喜欢听取下属的意见。部门下属在两人的领导下，一会儿赶上经理暴风骤雨般的批评，一会儿又赶上副经理和风细雨的安抚，简直是冰火两重天。
</blockquote>

最近，公司打算跟老客户洽谈一个新业务。这个客户最早是刘渊谈下来的，后来由陶旭负责维护，合作得一直很愉快。公司为此召开了一个项目会，老总在会议上提议由陶旭做这次项目的负责人。刘渊却反对说，他是项目部的经理，对这个客户也比较熟悉，还是他做负责人比合适。

老总看起来有些为难，但是也没说什么。陶旭自然没什么意见，表示一定配合经理的工作。

会后，老总把陶旭叫到办公室，对他说："小陶啊，老刘是老业务了，负责这个项目我倒也没什么担心的。只是对方虽然是老客户，但是生意归生意，谈判桌上肯定谁也不会让着谁，我怕老刘性子急出状况，你还是在旁边盯着点。"

陶旭点点头表示理解，并保证完成任务。

到了谈判那天，对方派了一位新上任的年轻经理过来谈判。刘渊觉得自己业务经验丰富，对方又是个年轻人，就没把他当回事，在谈判桌上据理力争，结果双方都不愿退步，几乎吵得不可开交，最后不欢而散。

会后，陶旭找到刘渊，好声好气劝他说："经理，我觉得咱们这么争下去也没个结果，不如双方各退一步，商量出一个双方都能接受的方案来。"

刘渊气哼哼地说:"谈判桌上怎么能让步呢,你让了,别人就要踩到你头上来。"

陶旭笑了笑说:"谈判也不是你死我活,最后都是要追求共赢嘛。"

刘渊知道陶旭的能力,只是咽不下这口气,赌气道:"那明天你来负责,你要谈成了我这个经理给你做。"

陶旭赶紧赔笑说不敢。

第二天,谈判换陶旭主持,陶旭先肯定了对方实力,然后表示公司愿意让一步,看怎么商量出一个共赢的方案。对方看陶旭退让的态度,也不像一开始那么强硬,心平气和地跟陶旭一个条款一个条款地讨论,最后定了一个双方都能接受的方案。

谈判结束后,刘渊把陶旭叫到了办公室。陶旭以为他对自己的表现不满意,心里还有些忐忑。刘渊却笑了笑说:"我这个人强硬了一辈子都没学会退让,还是你们年轻人厉害,能屈能伸。"

陶旭不好意思地说:"您教得也没有错,谈判桌上该强硬的时候也不能退缩。"

刘渊拍了拍他的肩膀说:"我跟老总已经商量过了,

你这次谈判成功了就提拔你做经理，我年纪大了，在公司做个闲职就行了。"

陶旭本以为刘渊只是开玩笑，没想到公司真的让他升职做了经理。

案例解析

陶旭在职场上是如何利用退让原则的呢？

陶旭并没有在会议上争取做项目负责人，因为经理刘渊已经主动要求承担这个任务，他的争取可能会让老总为难。而陶旭的退让反而取得了老总的信任，让他全程参与了项目的谈判。

陶旭在谈判桌上没有像刘渊一样据理力争，而是利用退让原则，软化对方，最终达成了合作。退让不是完全的退步，而是一种迂回的进取，最终要的是理想的结果。

一、如何运用退让沟通术

如果退让是我们留给自己的台阶，那么我们应该如何用好这个台阶呢？

1. 打破自我中心的限制

无论生活中还是工作中，一个聪明能干、喜欢大包大揽的人，往往是一个强势的人。他们想通过努力证明自己与众不同，以此来满足膨胀的虚荣心。强势的人总是过分在乎自己的感受，并将这种感受凌驾于其他之上，在做事的过程中一遍遍强调"我"的概念。"我能行""没有我就不行"，这是一种自我定义。先有自我定义在前，别人才会跟着如此定义你。所以，招致累死"英雄"恶果的罪魁祸首其实是他们自己。

要想从如此紧张的状态中跳脱出来，关键还是"英雄"自己是否愿意真正放下自我中心论调，打破自我中心的限制，相信自己和别人没有什么两样，自己并不是三头六臂，也有无法弥补的不足之处。

2. 正确把握投入产出比

在常态下，其他因素不变，工作的投入和产出应该成正比。如果自己干得越多反而得到的抱怨和说辞越多，心愿和结果总是背道而驰，这时你就应该停下来考虑一下到底是哪个环节出了问题。

并不是所有的事情努力之后都会有结果，如果"执着"不成，"努力"必将成为束缚你向前的枷锁。就像一个本来有跳高天赋的人不擅长长跑一样，如果非要逼迫他在长跑上有所精进，结果会是越努力越得不到想要的结果，只会疲劳伤神让自己为难。

在职场中，当你自己的努力与所获得的结果长期不成正比时，不妨停下来反省一下现状，看是不是到了该请出退让这副"面具"的时候。

3. 找到最合适的理由

退让是给自己一个台阶下，远离尴尬从头再来，目的是以退为进。但是习惯占据高位的人一朝要走下高坛，两脚落地，肯定会在乎颜面问题，担心周围人异样的眼光。所以如何退得巧妙也成了一种智慧，值得好好思索一番。比如人除了要工作还要生活，除了职场岗位还有各种各样的身份，除了围着领导团团转，还要想想家人。当你为自己预留台阶想着怎样退让时，不妨把各种社会因素都考虑在内，以便找到最合适的退让理由。

4. 眼光长远，当断则断

如果从如温水一样的舒适环境中退出来，当然会让人心生不舍。不如将眼光放长远一些，跳出舒适圈，对照自己的目标放手一试，大不了最后失败，沦落个不如当时的下场，也没什么大不了，一切都还可以从头再来。如果这都无法说服自己，那就想想温水中的青蛙是怎么死的吧。

5. 不断自我优化

为了使自己及早逃脱温水环境，要时时保持警醒之心，坚持自我优化，不断学习，时时精进，开阔眼界，这是不做井底之蛙的好途径之一。当然，学习也需要顽强的毅力。

6. 适当进行比较

有的时候，拿自己和别人做适当的比较，也可以起到警醒的作用。有时对比之后看到自己和别人的差距可能会如当头棒喝，一下子惊醒梦中人。古训说"见贤思齐焉，见不贤而内自省也"就是这个道理。

二、退让沟通术的注意事项

知道了如何退让，我们再来看看退让的时候要注意什么。

1. 退让不是推卸责任

退让"面具"，不包含推卸责任的含义。退让，是在碰到自己的实际能力无法解决的困境和障碍时，或者在进一步发展的困境中脱身，所以退让的对象是困境，而非从个人该承担的责任中逃脱。

2. 退让是自保，也是求进的手段

退让往往让人想起"明哲保身"这个成语，其中确实有自保的成分，退让确实能够更好地保全自己不受不良环境的伤害。但是退让的目的是让人进步，是转换思路以求找到更好的法门。退让是手段，求进才是目的。

3. 把握退让与懦弱间的分寸

不能把退让与懦弱相提并论，退让是在遇到困境时寻求更好的解决办法，不是完全的让步，反而是一种进取。而懦弱则是一种不够坚强的表现。要把握好退让与懦弱之间的距离，不能过度退让，过度退让就会变成懦弱。

◀ **沟通小贴士** ▶

如何用好退让台阶？

1. 打破自我中心的限制。

2. 正确把握投入产出比。

3. 找到最合适的理由。

4. 眼光长远，当断则断。

5. 不断自我优化。

6. 适当进行比较。

退让的时候要注意什么？

1. 退让不是推卸责任。

2. 退让是自保，也是求进的手段。

3. 把握退让与懦弱间的分寸。

实力藏匿法，为自己设置安全台阶

　　人们常说付出和收获是成正比的，可是在职场中，有时却是努力越多收获越少。你是否遇到过这种情况呢？

　　更有甚者，你虽然做了很多工作，失败却伴随着努力劈头盖脸打压下来。你感觉前进的压力越来越大，工作的热情几乎完全被这种负面影响消解掉了，就像一台出了问题的机器，磨损率远远高于产出，你不知道自己运转到什么时候就会能量耗尽，彻底报废。这时候你是不是应该停下向前的脚步，仔细给自己做一个全面的体检呢？

　　世间没有绝对的好坏，努力也是一样，并不是所有的付出都能得到好的结果。既然努力有利有弊，为何非要一味向前，害得自己不停为这股蛮劲儿受罚买单呢？如果努力的结果总是碰壁，是不是说明努力本身出了问题？

万事都是不断发展变化的，并没有万全之策能用来以不变应万变。如果我们的努力没有得到好的结果，那么就要学会给自己准备一个台阶，以备不时之需。这个台阶就是退让法。

心理学中有一个"拒绝—退让"原则，讲的是如果你先让步，会导致对方觉得自己也理应让步，其实就是通过退让来达到自己的目的。所以，退让是一种迂回策略，让自己在沟通中展现出亲和力。当你在职场上因为高调招致反感甚至冷落时，不如利用亲和力隐藏实力，把自己的高歌猛进转化为柔软的迎合，在强硬行不通的时候，利用退让的亲和力给自己留一个台阶，反而可以获得转机。

应该如何退让，给自己一个台阶，以退为进呢？大家可以通过我的朋友冯影的经历来感受一下。

案例

　　冯影是一家跨国企业的行政主管。入职七年来，她一直勤奋刻苦，积极上进，因为能力出众，得到了公司老总的赏识，从普通行政职员升至行政主管。由于她的能力非常突出，老总甚至暗示行政总监的职位有意给她。

　　正值春风得意的冯影成了公司的"风云人物"，老板的赏识和信任给她带来了更大的发展空间。只要是冯影提议的方案、规章措施，老总有时候连过目都免了，每次都全力支持她的想法。

冯影明白，她的成功，以及和老板融洽的关系是自己在七年职业生涯里日积月累、勤奋苦干的结果。冯影也不是没有耳闻公司一些人的风言风语，里面夹杂着嫉妒，都说她是背靠大树好乘凉。冯影不能向每个人解释自己的辛苦，觉得清者自清，打算在自己的职位上做得更好，让更多的人看到她真正的实力。

但是正当她准备为竞选行政总监大干一番的时候，发生了一件让她始料不及的事情。公司所属的集团公司突然对下属的几个子公司高层人员进行了人事调整，高层岗位互相轮换，冯影所在子公司的总经理马上就要到兄弟公司上任了。而公司新来的总经理与前任总经理的管理思路在很多方面都不太一致。

新总经理一上任，原先准备付诸实践的好几项行政改革制度都被叫停了。公司高层的更换让许多人一下子回不过神来，尤其是以前颇受总经理信任的冯影。新总经理上任后，她的几项提案都被否定了，行政总监的高位看起来离她越来越远了。

冯影在工作上一直积极主动，不甘心就这样被新老总冷落，她觉得自己既然能获得前任总经理的认可，肯定也能让现任总经理重视自己。想到这里，冯影一贯的上进心被激发起来，浑身又充满了干劲儿。

她打开电脑，按照新总经理的指示，重新设计了几个方案的框架，提交了上去，结果还是被老总否了。冯影忽然有些茫然，不知道自己哪里做得不对，好像自己干得越多，被否定的也就越多，不管怎么拼命都得不到一句肯定的话。

冯影"失势"后，以前对她抱有嫉妒之心的人没有一个站出来帮她说话，都在看她笑话。凭着多年的职场经验，冯影知道，自己越是向上心切，越是会增加苦恼，她必须转变战略，改变尴尬的处境。可是她毕竟在公司待了七年，一时负气离开还真有点儿舍不得。

冯影用了一个周末的时间思考自己的出路，她发现正是自己的优秀造成了当时的尴尬，新总经理不信任她，升职的机会十分渺茫，硬碰硬只会头破血流。长此以往，别说行政总监的职位没戏，就是饭碗也可能保不住。

想了半天，冯影决定以准备怀孕为由，争取一段时间的休整，向公司说明她已经不再是什么"女强人"，不能承担太重的担子了，想退下来休养生息。

就这样，冯影终于从繁重的工作中脱身了，也从众多的烦恼中挣脱开来。这样，她有更多的时间来备孕，也有更多时间熟悉总经理的管理思路和管理方法。逐渐地，冯影不再负责那么多业务，自然也就避免了许多矛盾。

等休完产假，冯影又重新回到了工作岗位上，她在人们眼中的形象已经不是当初那位"铁娘子"了，而是一位温柔成熟的年轻妈妈。总经理看到她递上来的方案确实不错，和自己的意见不谋而合，也开始把一些工作交给她去做。

一两次之后，总经理对她的看法逐渐改变，并慢慢相信她确实是一个可以委以重用的"重臣"。冯影的能力再一次得到证实，老总的欣赏和同事的信任也逐渐回到她身上。最终，冯影终于竞争上了行政总监的职务，成为老总的左膀右臂。

【案例解析】

冯影在面对新总经理的不信任时是如何以退为进，给自己留出缓冲时间的呢？

冯影在退让的时候并不是完全撒手不管，而是对自己的情况进行了仔细的分析。她不舍得离开工作七年的工作岗位，想要留下又发现自己的加倍努力适得其反，反而加重了领导和同事的敌意，得不偿失。所以，她深思熟虑后，得出了自己应该退让的结论。既然自己的境地进退两难，不如给自己一个台阶。

冯影申请休息之后也并不是两耳不闻窗外事，而是用更多时间熟悉新领导的管理思路和管理方法，以便重回职场之后可以更加熟悉工作环境，快速夺回主导权。

冯影能够最终赢回大家的信任，关键还是凭自己的实力。她的暂时退让只是为了韬光养晦，保存实力，而不是将自己的底牌完全暴露出来。

退一步海阔天空并不是逃避和退缩，而是静观其变，有时甚至是卧薪尝胆。退让的最终目的，始终是后来居上，厚积薄发。

那么，我们在选择退让后该如何做呢？

1. 磨刀不误砍柴工

选择退让前应先对自己处境进行仔细分析。当自己的努力得不到回应，做得越多错得越多时，就要考虑是不是应该使用退让法给自己一个缓冲的时间。

选择退让后不能两耳不闻窗外事，真的撒手不管，而是应该统筹全局，用更多时间考虑对策，冲破当时的困局，让自己快速夺回主动权。

2. 明白事缓则圆

选择退让要明白事缓则圆的道理。有的事情拖延一段时间，会有助于达成良好的结果。而拖延任务并不表示完全不考虑任务。拖延的每一分每一秒，你都应该注意处理相关的信息，在内心中做着相应的准备。拖延期间体验到的焦虑，就是在积累能量。等你真正开始做的时候，效率有时可能会比没有经过拖延的人要高。从这个角度来讲，拖延是另外一种心理准备方式。

与退让相对的就是冲动心理。通常，冲动是指由外界刺激引起的，爆发突然、缺乏理智、带有盲目性、对后果缺乏清醒认识的行为缺陷。很显然，退让就是为了避免冲动心理。退让是为了给自己找个台阶，让事情慢下来，看似在退让，实则避免了冲突，最终才会有圆满的结局。

3. 切记保存实力

选择退让的前提是要保存实力。想要在退让后重新夺回主动权，关键是自己要有一定的实力。在保存实力的前提下选择退让，第一可以避免树敌，毕竟枪打出头鸟；第二可以在退让之后打个更漂亮的翻身仗，让大家心服口服。因此退让只是策略，是聪明人给自己找的台阶，因为最终的目的还是要进取。

◀ 沟通小贴士 ▶

选择退让后该如何做？

1. 磨刀不误砍柴工。

2. 明白事缓则圆。

3. 切记保存实力。

适时变脸，让你更有人情味

办公室里通常会有这样一种人，他们不仅业务能力强，而且很敬业，不久就会在同事中崭露头角，成为众人仰慕的"明星员工"。这类人有一个最大的特点，就是对任何事都喜欢大包大揽，特别是在别人搞不定的情况下，更是当仁不让，抢着承担。

周围的赞美声不断涌来之时，正是"明星员工"无比陶醉的时刻。但是时间长了，同事们的依赖会越来越让他们吃不消。这时，不满情绪会逐渐替代他们心中的满足感。那就是，凭什么同一个级别、同一工资水平，自己要比别人付出更多？

虽然心里感到不平衡，可是这些主动的人已经被众人抬举到一定的高度，骑虎难下。而且"明星员工"多半性格急躁，手脚麻利，思维机敏，见不得别人拖拖拉拉，属于主动进攻型，他们很少能想到处理事情的另一面——退让。

不只是"明星员工"，所有人主动久了，都应该适当变脸，让自己休息一下。一方面是留给自己喘息的空间，另一方面给别人留出余地和机会。只有掌握好这个度，事情才能顺利发展。

但是到底怎样才能从大包大揽的状态中脱身退让，又让人觉得你很有人情味呢？

从容应对职场是每个人的理想。当你奋发努力向上攀登时，或者身为团队的管理者发号施令时，如果发现事态的发展事与愿违，向前的道路越走越窄，周围的人际关系渐趋僵化，这时就应该适时退让一步了。

退让中的亲和力表现了对他人的认同和尊重，能够缓和人际关系。职场上表现出真诚的亲和力会让人更容易获得信任，拥有更好的人际关系。退让的亲和力还可以给自己一个缓冲空间，让自己找回节奏，与当下的处境更合拍。这样做不但不会让你变得软弱，反而会让你在对方眼里更有人情味。

我亲眼见证过一个朋友从一名小职员做到了高管，他的经历很好地诠释了在职场上如何变脸退让又让人觉得很有人情味。

案例　　张涵就职于一家通信设备公司，是主管业务的副总，在公司已经服务十年了。他业务知识扎实，对公司主营的各种通信设备了如指掌，是公司里的"活字典"。员工们有什么不会的，都直接问张涵。每个新来的员工，到公司里学到的第一句话都是"万事不决问张涵"。

张涵虽然自身业务能力很强，但对员工的要求并没有那么严格，还时常劝下属要学会放松，不要绷太紧。因此张涵在员工中是人缘最好的，每年年终评选都能获得"最受员工欢迎的领导"奖项。

但是熟悉张涵的老领导都知道他以前并不是这样的人。以前的张涵是典型的"拼命三郎"，做事雷厉风行，对下属要求极为严格，他负责的部门是全公司业务最好的，但也是抱怨声最多的。张涵并不是不知道下属的辛苦，但是他不认为以业绩为标准有什么问题。作为公司最优秀的业务员，他一直觉得做业务就像逆水行舟，不进则退，今天你不努力，明天就要落后于别人。张涵就这样一直带着部门员工高强度、连轴转地工作，即使有下属受不了辞职，他也认为是当事人吃不了苦，并不认为自己的管理有什么问题。如果不是在外派培训评选中落选了，张涵还不知道自己的问题出在哪里。

每年公司都会选一些优秀的业务经理作为高层的候选人去参加管理方面的培训。有一次公司打算从张涵这一批业务经理中选几个人去参加培训，张涵知道他的部门是公司业绩最好的，所以对自己非常有信心，完全没有把评选放在眼里。他觉得自己肯定能被选上，对这次外派也丝毫不担心，就等着公布结果了。张涵部门的员工也都知道自己经理的业务能力，所以结果还没出来就开始恭喜张涵了。

这天，张涵因为下属没及时跟进一个订单在会议室里大发雷霆，下属们不敢反驳，只能战战兢兢地听着。这时部门的行政人员敲了敲门进来对张涵说："经理，外派的名单出来了。"

张涵正在气头上，只点点头表示知道了。

行政人员却小声说："您不在名单里。"

办公室一下子静了下来，张涵有些不敢相信，他自己呆呆地站了一会儿，这才反应过来，挥挥手让下属们散了。

张涵有些不明白公司的决定，但是个性好强的他又不愿意去询问原因，于是自己郁闷了好几天。这时张涵挺看重的一个下属忽然找他说部门压力太大，想申请调岗。张涵没有立刻答应，让他考虑考虑再做决定。一连串的打击让张涵有点回不过神，他不知道自己哪里出了问题，为什么自己那么努力，职场却越来越不顺利。

一周后，副总把他叫到办公室，问他："知道你为什么落选吗？"

张涵对公司的这个决定心里有些不服，故意说："我知道我脾气不好，不招人喜欢。"

副总亲自给他倒了杯水，笑着说："公司的领导们都知道单论业绩的话，你是最好的业务经理。但是你不适合做高层管理，起码现在不适合。"

"为什么？"

副总苦口婆心地说："因为你不懂得退让。"

张涵不服气地说："管理者不就应该带着下属往前冲吗？"

"带着下属往前冲是没有错，但是你也应该考虑下属的感受。你们部门是公司业绩最好的部门，但是你的员工也是公司最累的员工啊。员工也有自己的生活，你不能把他们逼得太紧了。一个管理者要有人情味才会被员工认可，有人情味就要懂得适时地退让。"

张涵想到自己职业生涯遭遇的瓶颈，隐约明白了副总教导他的话。

这次谈话过后，张涵针对本部门制定了更合理的奖罚制度。他不再要求员工一直高强度地工作，而是利用自己丰富的业务经验针对员工不足的地方进行定期培训。张涵也会在工作会议上，带头检讨自己做得不对的地方，部门的工作氛围越来越好，原本想要调岗的员工也改变了主意。他们部门仍然是公司业绩最好的部门，但已不再是员工最累的部门了。

没过两年，张涵如愿以偿地参加了管理培训。培训回来后没多久张涵就升任了副总。他变得越来越通情达理，知进退，懂把握分寸，终于变成了最受欢迎的领导。

案例解析

作为业绩最好的经理，张涵为什么会在第一次外派培训评选中落选呢？之后他做了什么改变来表现退让呢？

张涵是一个好的业务员，却不是一个好的管理者。不论是公司还是部门，管理上都要张弛有度，不能一味高强度地要求员工，那样只会引起员工的反感。员工一旦有了逆反心理，就无法保证日常工作顺利进行下去。所以张涵虽然是最好的业务员，却因为不懂退让，无法成为最好的管理者人选。

张涵在遇到瓶颈时选择了退让，改变了自己一向强硬的管理风格，改善了与部门员工间的关系，因此留住了得力下属。他从一味地进攻变为退让，扭转了局面，

将失控的局势重新掌握在自己手中，最终坐上了副总的
位子。

一味绷紧神经并不一定会有更好的结果，适时地变一变脸，
或许可以轻松应对职场关系。那如何变脸退让能让人觉得你还是
很有人情味，不至于落差太大被大家疏远呢？

1. 他人优先

主动型人格的人竞争性很强，往常只想着向前冲，凡事都要
领先于别人，做到最好，出了事情也会第一个承担下来。这样的
人看似优秀，能力非凡，但是在职场上的发展往往并不顺利。要
改变这种局面就要退让一步，学会让他人优先。比如发言的时候
可以先等一等，直到有人发言再加以补充。工作上如果自己和别
人合作，要耐心等待上一个程序的人员完成，而不是因为不满意
进度而插手别人的工作。不要越俎代庖，把问题留给该面对它的
人解决，是退让的关键。

2. 提供建议

学会提供建议，而不是帮别人代劳。比如发现别人在工作上
走了弯路，不要粗暴地指出来并加以指责，甚至抢来自己做，而
是应该旁敲侧击，简单提出建议供对方参考。

当别人请你帮忙的时候，也不必大包大揽，自己全都承担，

可以从旁提出建议，或者一起参与解决。

3. 克制脾气

主动好强的人一般都性格急躁，凡事都不愿意等，也常常会因为没有耐心而导致跟同事的关系不断恶化。所以，想要退让，就要克制自己的脾气，让自己从急性子变成慢性子。

遇到着急的事情可以试着静一静，或者先微笑再表达自己的意见。如果和同事讨论方案对策，要学会先倾听别人的意见。即使自己的建议完全正确，也要先放在一边，等别人表达完再尝试慢一点点说出来，让自己变得从容一些。

◀ 沟通小贴士 ▶

如何变脸退让能让人觉得你很有人情味？

1. 他人优先。

2. 提供建议。

3. 克制脾气。

PART 7 | 第七章

拒绝沟通：
5 分钟谢绝法，让自己和对方
都不委屈

杀伤力指数：★ ★ ★

亲和力指数：★ ★ ★

婉拒优先，勇敢让自己和对方都满意

相信很多人都有这样的经历，那就是对别人不合理的要求不好意思拒绝，最后却在拼命满足别人的过程中纠结不已、痛苦不堪。很多人害怕自己的拒绝会破坏双方的关系，碰到不合理的要求还是硬着头皮答应。但正是因为不懂拒绝让我们陷入琐事，分身乏术，独自承担辛苦和烦恼。

不懂拒绝的人也被称为有"便利贴性格"的人，因为他们就像便利贴一样普通廉价，来者不拒，不受重视。这种性格的人通常自信不足，对别人的请求总是有求必应，尤其是在职场中，不懂拒绝的人总是渴望通过迎合别人来提升存在感。

比如老板安排了 150 个工作指标，如果你偷懒耍滑，得过且过，能够产出 50 个；如果你熬夜、透支，疯狂工作，努力实现老板目标，让老板满意，能够产出 150 个，但结果可能是你自己不堪重负。如果你正常的能力上限是 100 个，你会怎么选择呢？

这时就要根据自己的实际能力，适当地拒绝。

那么什么是拒绝呢？简单来讲，拒绝就是巧妙地回绝别人的要求，这既是一个动作，也是一种态度。拒绝帮助你在沟通中建立了一种权威，利用沟通中的杀伤力来影响别人。比如，当你碰到同事或上司不合理的要求时，试一试委婉拒绝，表明自己的态度，这样未必会引起对方的不快，也许还会使对方更尊重你，并认真考虑你的意见。

正确地拒绝别人是一种生活智慧，当然也需要掌握一定的技巧，比如如何在不伤害别人感情的情况下拒绝。从心理学的角度来看，一个能正常拒绝的人在潜意识里设置的目标是：你的需求在我的能力范围内，我愿意无条件满足你。如果你的需求在我的能力之外，我愿意在我的能力范围内满足你一部分，而不会透支自己，满足你所有要求。

对于他人的要求，比较健康的心态是：

我满足他人的时候，尽我所能问心无愧，而非超我所能让他满意。

能够拒绝别人就是：你固然重要，我也很重要，两者不冲突的时候我愿意照顾你，当两者冲突的时候，我就会先以自己为主。这既是尊重别人，也是爱自己的表现。

温媛就职于一家传媒公司，是公司里有名的老好人。她入职三年，还只是设计部的一名小职员。但是她每天都很忙碌，同事每次见到她，她都是脚步匆匆的样子，看起来恨不得把 24 小时当 48 小时用。

为什么一个小职员会那么忙呢？

因为温媛是典型的"便利贴"女孩。她是工作三年的老员工了，还会帮同事倒水，复印各种资料文件，顺便到楼下取快递，甚至设计部新来的同事都会开口让她帮忙加班做设计稿。

温媛那么努力，工作上却屡屡不顺，她提交的设计稿每次都要来回改好几遍，不是图片有问题，就是搞错用户资料，或者出现字体不对、标点符号不对、错别字这样的细节问题。温媛对此也是有苦难言，因为不懂拒绝同事的请求，她每天深陷琐事之中，让自己不堪重负，精神萎靡，没法集中精力做工作上的事。而多次的返工也让她在领导面前留下了做事粗心、不够努力的坏印象。

在生活上，朋友们有困难第一个想到的也是温媛。工资不够花，找温媛；出差没地方住，找温媛；甚至有的朋友接待亲戚也找温媛。终于，温媛的人际关系网也出了问题，她自带的这种"老好人"标签给人一种呼之则来、挥之则去的感觉。最后，朋友们只是有事才找她，但是有好事就忘记她。有一次好友生日居然没有约她，后来才知道是朋友怕她太忙没时间就没叫她。

工作中困难重重，生活中被朋友漠视，刚开始帮助别人的喜悦慢慢退去，沮丧的情绪日益加剧，温媛在工作中开始频频出错。

有一次，温媛帮同事做的设计稿出错，又被领导叫去批评，温媛积压已久的情绪终于爆发，拍着桌子与领导大吵了一架。毫无疑问，她的这次爆发抵消了长期以来的辛苦努力，她所做的成绩全部被抹杀，领导认定她是一个没有能力的人。

公司的这个"老好人"终于受不了辞职了。

温媛辞职后，同事们渐渐都忘了这个存在感很低的"便利贴"女孩。直到有一次，同事参加一个设计大赛发现温媛的设计稿居然获得了大奖。当温媛穿着精致的套装上台领奖时，同事发现以前那个唯唯诺诺的"便利贴"女孩，已经变成了可以独当一面的行业精英。

同事很好奇地问温媛发生了什么，温媛只说："学会拒绝，你才能过上属于自己的生活。"

原来温媛辞职后，休整了好长一段时间，最后好不容易才找到一份工作。换了公司之后，她记住了以前的教训，终于学会如何微笑拒绝别人。她有了更多的时间做好自己的工作，很快就升任设计部经理。

案例解析

温媛的职场经历给了我们一个警醒，那就是不懂得拒绝将会给我们带来多大的危害。

温媛面对同事们接踵而来的要求，不管自己有多忙，都会不由自主地答应下来，结果就是痛苦地完成他们的请求。没有勇气拒绝，造成了自己的时间不够用，分内的工作被扔到一边，经常因为延期处理自己的工作最后完不成任务而被领导批评。

而温媛答应了同事太多不合理的要求，最终使自己失去了拒绝的"资格"。在同事眼中，温媛已经是一个随时随地、任何时刻都不会拒绝别人要求的"老好人"，对同事的要求她只能毫无原则地照单全收，即使不是自己能力范围内的事情也不好意思拒绝，最终陷入一种非常尴尬的境地。

也许在一开始，温媛也因此为自己赢得了别人的喜爱、同事的欢迎和上司的青睐，维护了人际关系，保住了自己的职位和薪水。但是，最终还是会因为无法完成本职工作而被上司厌弃。

职场上，那些不懂拒绝的人虽然让别人满意了，自己却无法感受到幸福和快乐。与那些工作顺利的同事比较，他们没有得到重用，不是工作上不努力，而是不懂得拒绝。

所以，在职场上学会拒绝就显得尤为重要，而让大家都满意的拒绝，则更是锦上添花，能让你在工作中如鱼得水。

除了职场，亲子关系也是如此。比如：

孩子想要玩具，父母拒绝，他就开始撒泼耍赖。

孩子要看动画片，父母不同意，他就号啕大哭。

孩子想要吃糖果，父母说不行，他就软磨硬泡。

……

这样的场景，你们熟悉吗？相信很多家长都遇到过。大人自以为能探究孩子的内心，其实孩子才是"读心高手"，他们总能敏锐地察觉到父母的"说一套做一套"。他们意识到大人的立场并不那么坚定，因此，就会采取发脾气、撒娇、软磨硬泡、撒泼打滚，或故作可怜这样的举动，企图达成目的。而事实上，很多家长也往往会遂了孩子的心愿。

那么当孩子提出了不合理要求时，家长要如何巧妙地拒绝呢？在职场中，怎样谢绝才能让自己和对方都满意呢？有没有既不伤感情还能达到目的方法呢？我们可尝试运用以下四个小技巧。

1. 事先说清楚自己的底线

拒绝别人是为了守住使用者心理的某个底线，因此在使用这个策略之前，你必须对你的底线心知肚明。比如说家长一开始就明确告诉孩子"你可以吃两颗糖果"，而不是先给一颗糖，经受不住孩子的央求后再给第二颗糖；一开始就明确告诉孩子"你还可以再看 10 分钟电视"，而不是告诉孩子该关电视睡觉，之后因经不住他"再多看 5 分钟"的软磨硬泡而妥协。父母在面对孩子的要求时，应让孩子清楚明白自己的底线，而非一味妥协让步。妥协让步好比是用奖励的方式使孩子依靠纠缠不休而达成目的。

职场也是如此。如果在遭遇拒绝或者应该做出选择的时候，连自己都不清楚身在职场，究竟什么可以舍、什么可以得，就会在突如其来的变故中六神无主，最后"舍"到无路可走。进入职场仅仅是为了获取一个吃饭的机会吗？恐怕答案不是那么简单。所以，在拒绝还未发生前，最好先给自己一个坚守的理由。

2. 用"可以"替代"不行"

心理学家布鲁斯·格莱朗博士表示，听到父母说"不"时，一些孩子无法理解父母为什么会拒绝自己的要求。

例如孩子提出要吃糖，父母说："晚饭前不准吃糖。"这么说可能会导致孩子生气，晚饭也不会好好吃。但假如换一种说法："可以，饭后我会给你吃糖，现在我们先吃一个苹果吧。"这种表达方式，孩子会更乐于接受。这就是婉拒的力量。

拒绝不当会落个两败俱伤，为了避免不必要的干戈，建议大家优先使用婉拒。同样能达到目的，并且方式更加柔软。

3. 用发问代替拒绝

直接拒绝对方非常需要勇气，但是勇气不等于盲目冲动，要有真正的实力在后面撑腰，说出来的话才会有底气。如何体现勇气？有一个小方法就是用发问代替拒绝。

比如在亲子关系中问："为什么现在要吃糖？""为什么想要买这个玩具呢？""为什么不愿意去幼儿园啊？"

父母用这样的发问，可以让孩子梳理一下自己提要求的原因，并在和孩子沟通的过程中耐心做出解释，比如"妈妈必须去上班，不能在家陪你，所以你要去幼儿园"。孩子在这个过程中会逐渐明白行为的界限在哪里，假以时日会自己放弃提出"无理要求"。

在职场关系中也是如此，当别人的要求超出自己的底线时，也可以通过勇敢的发问来展现拒绝的姿态。

4. 给出一道选择题

职场中的事情很繁杂，而我们的时间和精力却有限，所以这个时候我们也可以用："这些工作都很重要，但你觉得 a 和 b 哪个更重要一些，我们先集中精力攻克它？"这样的句式来促使对方做出选择，避免直接的拒绝。

面对孩子，我们也鼓励年幼的孩子自己做一些简单的选择，有助于培养他的独立性和自主性。但是选项不宜过多，"二选一"即可。比如，孩子在超市乱跑，你可以说"你要么帮我推购物车，要么坐到购物车里来，你选择哪个？你来决定"。

孩子常常会回应选择而不会回应要求，比起强制要求，孩子会觉得给他几个选择，让他选出一个自己更喜欢的选项，是对他的一种尊重和认可，会让孩子感觉自己有"权力"控制局面。

最后，我们依然要说明，我们在拒绝的时候要注意什么？

1. 不要任何情况都拒绝

如果不分场合地使用拒绝的策略，很有可能让你显得和周围的人格格不入，错失与人相处的机会，别人对你敞开的门也可能从此紧紧关上。

2. 能婉拒便不用直拒

比如，你的任务量已经饱和，领导再指派其他工作时，如果你说："这个我做不了，时间太紧，我做不完。"很可能会让领导认为你工作能力很低，喜欢抱怨，不能委以大任。如果换个方式，你把工作从头到尾按照轻重缓急排个序，然后对领导说："我非常愿意接受新的挑战，但是您看我的工作安排，真不知道该挤掉哪个来完成这一个。"这样的结果是：领导明白了事情的真相，同时你也给他留下了敢于承担、认真努力的好印象。

3. 付出应与回报相等

从心理学的角度讲，每个人都渴望自己的努力能得到补偿，没有谁是愿意无偿劳动的。工作就是一种付出与回报的契约关系。

这就要求你必须有权利意识，在不好意思拒绝的同时，要"好意思"索取应得的报酬。有的人从不思考责任与义务，也不好意思向别人提出这方面的要求。他们即便包揽了全部的工作，承担了一切大事小事，而且做得很好，也无法得到体面的回报。

沟通小贴士 ▶

拒绝需要掌握的几个小技巧：

1. 事先说清楚自己的底线。

2. 用"可以"替代"不行"。

3. 用发问代替拒绝。

4. 给出一道选择题。

拒绝的时候要注意什么？

1. 不要任何情况都拒绝。

2. 能婉拒便不用直拒。

3. 付出应与回报相等。

恰当拒绝，守住心理底线

现实中，人人都害怕被拒绝。因为被人拒绝是对自尊心无情的伤害。推己及人，人们总会产生一种善良的心理，就是不愿意拒绝别人。但是被拒绝的人痛苦，不会拒绝的人更痛苦，因为害怕伤害对方，最后只能伤害自己，使事态更加恶化。所以，在需要拒绝时，我们要有说"不"的勇气。

拒绝可以让我们在沟通中占据主动权，掌控事情的走向，体现的是沟通中的杀伤力。拒绝中的杀伤力不仅能够让提出要求的一方重新思考自己的行为是否合理，也可以让对方更了解你的底线和态度。

那么如何恰当地拒绝，才能既坚持自己的原则，又给予他人情感理解，守住自己的底线呢？那就需要考虑恰当的拒绝方式。

拒绝的方式有两种：直拒和婉拒。

直拒就是直接拒绝别人的要求，展现了沟通中的杀伤力。使用直拒是为了体现拒绝的威力。直拒需要背水一战的勇气，面对的是没有回旋余地的死局。

婉拒就是委婉的拒绝，表现出了沟通中的亲和力。使用婉拒是为了不造成难以收场的后果。婉拒需要周旋的智谋，应用的场合也不像直拒那样没有退守余地。

那么，什么情况下我们需要直拒，什么情况可以婉拒呢？主要看对方的要求是什么。如果对方提出的要求侵犯了你个人的底线，到了"是可忍，孰不可忍"的地步，即使你想维护情面也难以如愿，这时婉拒也不会带来多好的效果，还不如干净利落地直接拒绝。

朋友告诉我的一个职场故事也许可以给大家一点启示。

案例

伊文是一家外贸公司的职员，她年轻好学，点子多，是员工中的佼佼者。但是因为部门经理专断独行，伊文一直没有得到重用。伊文的部门经理王丹三十出头，争强好胜，一旦其他部门的业绩高过自己部门，就暴跳如雷，把部门所有人都骂得狗血喷头，因此部门的人员流动率很高。

另外，王丹在业务方面一直自诩是部门的精英人物，不喜欢其他员工有高于她的见解，也容不得一点反对自己的意见。部门同事们得出一致的结论：老虎的屁股摸不得，遇上经理还是避其锋芒的好。

触及底线——使用直拒

有一次，在王丹的极力争取之下，部门终于拿到公司的一个大项目。为了更好地完成项目，半个月之内王丹加班熬夜，一连想了几个方案，但是都没通过。于是她心急火燎地动员部门员工，集思广益参与方案的制定。但员工们平时摸清了王丹的脾气，项目会上连反对的话都不敢说，只在王丹已经做出的几个方案上小修小补。

就这样讨论了一个下午，方案的问题并没有实质性的进展。大家私下交换眼神，心里都清楚，一旦提出异议，以后王丹要是想起来，有人曾经否定过她的方案，还不知道怎么办呢。只有伊文一头埋进新的报表中，拧着眉头钻研起来。

大家想着反正法不责众，也不愿给王丹出谋划策，发表了一些无关痛痒的观点后就沉默下来。这时候，伊文击其不意地开口了，原来她的沉默并非置身事外，而是一直在思考。

伊文拿出王丹的一个方案说："我看这个方案的思路

就是有问题的，如果非要这样做，我拒绝执行。"

王丹听完了伊文的发言，脸色一阵红一阵白，比哭还要难看。同事们都明白，伊文提出的问题肯定没错，但是以王丹的性格，她不但不会接受，说不定还会在心里给伊文记上一笔。

会后同事来问伊文怎么想的，伊文笑了笑，对同事说："大家都知道刚才的那个方案存在严重问题，就是怕麻烦才不愿提出来。但是如果工作只是为了面子，结果只会越来越糟糕。我不想这样浑水摸鱼，毁了自己的职业生涯，这是我的底线。触及了我的底线，我可以对任何要求说不。"伊文边说边掏出辞职报告，"我已经写好辞职报告了，目前的工作环境中我已经不能学到更多的东西了。"

之后，伊文辞了职，凭着前一段时间积累的业务知识，进入了一家非常不错的公司，一年后就晋升为部门经理。

留有余地——使用婉拒

伊文新公司的副总经理是位刚刚上任的年轻人，学历很高，理论基础扎实，但实践经验不足。

有一天，副总根据客户的要求对一套重要的设计方案提出了自己全新的看法，并拿到会议上与各部门负责人讨论。各部门负责人看完方案后，都觉得副总方案里的理论论证可靠，但有一个致命的弱点，他没有全面考虑项目实施的实际情况。

有一两个脾气耿直的主管直接在会上指出了方案中的弊病，并当场拒绝执行。副总坐在一旁憋得满脸通红，觉得自己颜面尽失。

轮到伊文发言时，她先挑了方案中的几个亮点简单称赞了一下，然后说："我们部门的惯例是在任何决议、方案形成之前一定要在办公会议上经过全员讨论，所以，我想今天会后，我要把副总经理这份方案拿到部门会议上集体学习，如有什么问题，届时还请您给我们解答。"

副总经理见伊文没有提出什么反对意见，便爽快地答应了她的要求。

在下午的部门讨论会中，伊文并没有告诉下属这份方案是出自新来的副总经理之手。大家毫无心理负担地畅所欲言，纠正了方案中的一些错误。

下班的时候，副总接过伊文手里的文件，本来准备好回答员工的质疑，没想到竟是一堆有理有据的修改意见。副总看着那一堆修改意见，一时间没了主意："伊文，你看现在该怎么办？"

伊文笑着说："没关系，您的方案中也有很多亮点，我们只要结合大家的意见进行稍微改动就可以了。"

紧接着，伊文主动把已经想好的措施提出来跟副总讨论，两个人很快就专心地投入到方案的修改之中，最终完成了新方案。

[案例解析]

伊文在两段工作经历中是如何使用恰当的方法拒绝的呢？

伊文的第一段工作经历中，部门经理王丹的做法已经让整个部门形成了一言堂，不能接受反对意见。这种情况下，即便是婉言相劝也并不能得到更好的结果，所以这个时候伊文想要守住自己的底线，做正确的事情只能选择直接拒绝。

而直接拒绝的好处就是不拖泥带水，直接达到目的，但是负面结果就是有一定风险。伊文早已做好了准备，本身就打算离职，所以选择背水一战。拒绝其实也是掌握主动权的方法，如果你想改变不利局势，直接拒绝也不失为一种快速的方法。

伊文新公司的副总经理并非一个顽固不化的人，只不过是因为新官上任，想要得到大家肯定，因此还是有回旋的余地。所以伊文在项目会上并没有直接拒绝执行，否则新上任的副总可能会为了树立权威而坚持执行方案。伊文为了缓和气氛，先赞美了副总方案中的亮点，稳定了他的情绪，又在副总没有拒绝的前提下提了一个小要求，委婉地指出了方案中的不足，并且最终和副总一起制定出新的方案。伊文的委婉拒绝不仅没有让副总感到难堪，还在副总面前展现了自己的能力。

1. 触及底线，使用直拒

当你身处的环境不能接受其他意见，或者别人的要求触及你的底线，婉言相劝并不能得到更好的结果时，如果你想要坚持自己的原则，只能选择直接拒绝。

如果你想要一个更好的结果，选择直接拒绝时可以通过客观的理由来解释拒绝的原因。如果你的理由合理，即使是直觉拒绝也会让人听上去很舒服，对方也更加容易接受。

2. 留有余地，使用婉拒

如果你的上司不是一个顽固不化的人，或者事情还留有余地，这时可以选择委婉拒绝。婉拒可以缓和气氛，稳定对方的情绪，给彼此一个缓冲的机会。

比如同事向你提出的请求刚好是你擅长的领域，但你又确实没有时间向他提供帮助时，在你拒绝之前可以帮他想一些解决办法，而不是什么也不做。如果你能给他提供一些合理的建议的话，就算不能帮助他完全解决问题，也会在他心中增加一些好感。

3. 明确自身价值

面对的情况不同，使用的拒绝方式不同。在选择合适的拒绝方式前要清楚自己的实力所在。支撑你做出拒绝策略的是你可以解决问题的底气。敢于拒绝的人首先要了解目前自己所处的状况，了解自己的价值，不讨好也不屈从才是根本。

很多人不敢拒绝是因为把他人看得太重，却把自己看得太轻。因此明确自身的价值，自然而然就有了拒绝的底气。

◀ 沟通小贴士 ▶

拒绝在沟通中应用的三个法则：

1. 触及底线，使用直拒。

2. 留有余地，使用婉拒。

3. 明确自身价值。

说"不"法门，不会伤人的沟通魔法

现实中，我们常常会碰到不会说"不"的人。这类人即使面对不熟的朋友、其他部门的同事，甚至八辈子不联系的同学，也统统不会拒绝。这就是他们没有得到正确说"不"训练的后果。那些不懂拒绝的人也许在成长过程中，没有得到及时的拒绝训练，因此没有形成正确的可以拒绝的条件反射，成年后需要拒绝别人时就会表现得手足无措，无法把"不"说出口。

然而不懂说"不"的人因为长期违逆自己的意愿，去做不情愿的事情，在这种压力不断累积的情况下，影响了自己的身心健康，从而产生负面的情绪效应。如果无法将这些负面情绪释放，就可能会让性格扭曲，让自己变得越发不独立，没有自主能力。

一个人无法正常说"不"，就会长期生活在小心谨慎，甚至胆战心惊的情境中。在需要拒绝时，他的第一反应总是退缩，因为怕伤害对方，而使自己处境更加恶化。而拒绝中的杀伤力恰恰可以让对方明确自己的态度，帮助不懂拒绝的你重塑自信，纾解不合理要求带来的负面情绪和压力。慢慢你会发现，拒绝不是伤害，也不是关闭沟通渠道，拒绝是相互理解的开始，我们有拒绝的权利，才有被尊重的可能。这就是拒绝中的杀伤力。

拒绝不一定会伤害对方，总有两全其美的办法可以让人们大声地说"不"。

心理学中有一个互惠原则，它是我们日常生活中最常见也最有效的影响力武器之一。互惠原则基于人类互帮互助的本能，在给予对方恩惠或做出退让时，对方更容易答应一些要求。

基于互惠原则的拒绝，就是两全其美说"不"的诀窍。那么如何两全其美地说不呢？

我朋友在职场上碰到过这样一个案例，可以让大家明白如何两全其美地表达拒绝。

案例

许凯是一家互联网公司的实习生，他是国内著名理工大学人工智能专业的优秀毕业生，经导师介绍进入这家公司实习。

许凯所在的小组一共有五个实习生，都是刚毕业的年轻人，负责带他们的组长是部门经理林轩。林轩是许凯的学长，能力优秀，而且平易近人，在他们刚进公司时就只教给了他们一个原则，那就是学会适当地说"不"。

一般大型互联网公司工作任务都很重，项目中借用其他部门人员的情况很常见，许凯实习的这家公司也一样。所以林轩告诉他们，作为他们的直属领导，他们只需要对他负责，不要轻易答应其他的工作安排。

许凯他们小组五个人自进入公司后就一直配合得很好，渐渐地可以作为一个团队独立负责一部分项目任务了。林轩对他们的表现很满意，并打算下个月给他们转正。小组成员都很高兴，每天工作都很积极。

拒绝法门一：通过别人来表达自己的拒绝

一个周五的晚上，许凯下班回家吃完饭刚准备打游戏的时候，忽然接到了公司另外一个项目组长齐昊的电话。齐昊在电话里说他们组的项目着急结项，但是当时有项目小组成员在出差，所以急缺人手，问他周末能不能到公司加个班。为了劝他答应，齐昊还特意告诉他周末加班公司会给补贴，加班费是平时的两倍。

许凯并不想周末去加班，所以听齐昊说完，并没有立刻答应，也没有立刻拒绝，而是问齐昊："加班的事我们组长知道吗？"

齐昊愣了一下，说："哦，这件事还没来得及跟林经理沟通。"

许凯礼貌地问："那我先跟我们组长请示一下，你看可以吗？"

"当然，当然，应该的。"齐昊表示理解，然后挂了电话。

之后，许凯向林轩汇报了这件事。林轩在电话里考虑了一会儿跟许凯说这件事不用管了，他来负责跟那边的项目组沟通。

周一回到公司，许凯发现他们五个实习生中，有一个人因为周末回家所以没去加班，另一人则因为周末确实有事没去加班，而另外两个都是在周五晚上糊里糊涂地答应下来，周末辛辛苦苦地加了两天班。

周一开例会的时候，林轩特意跟他们五个实习生单独开了个小会，说了说周末加班的事，会上还批评了两个加班的实习生。

两个实习生不知道加班有什么不对，都一脸茫然。

林轩苦口婆心地说："公司项目组借调人手都有严格的流程，就是为了更合理地分配人手，做到责任到人。齐组长直接找你们加班是不符合流程的，但是因为你们是实习生，可能他也没考虑那么多。但是，以后你们要记住，在职场上遇到不方便拒绝的要求，可以找你的上司，他们会替你拒绝。"

　　拒绝法门二：拒绝也要拿出正确的修订意见

　　这之后，许凯发现齐昊并没有因为他们拒绝加班而不高兴，反而因为自己没走借调流程的事跟他们表示过歉意。许凯自己倒有些不好意思了，因为他发现齐昊那组的任务确实比较紧张。

　　恰好许凯有个关系还不错的朋友在齐昊那个项目组工作，有一次两人吃午饭时讨论起项目的问题，许凯发现他们比较着急的部分正好是自己专业方面的，于是回去后就整理了相关资料，针对项目问题撰写了一份解决方案。

　　之后，许凯趁着公司召开整体项目会的时候，把自己写的方案提交给了齐昊。齐昊有些意外，大致翻了翻许凯的方案后，高兴地拍了拍他的肩膀说："小伙子，有前途。"

　　许凯很快就转正成功，成了公司的一名正式员工。经过齐昊那件事，许凯有原则、有能力的名声很快就传开了，成了公司里抢手的技术人才。

许凯是如何做到两全其美说"不"的呢？

许凯接到加班通知的时候没有直接拒绝，而是跟上司林轩请示了一下。一来是为了确认是否要加班，二来是希望可以通过林轩来拒绝加班的要求。因为许凯只是公司的一名实习生，不适合直接拒绝上司的要求，即使提出要求的人并不是自己的直属上司。而林轩才是与齐昊同一级别的管理层，借林轩的口表达自己拒绝，既可以向上司林轩汇报事情的经过，还不会得罪向自己提出要求的人。

许凯拒绝齐昊是因为周末不想加班，所以拒绝成功后他并没有撒手不管，而是在了解项目存在的问题后，尽自己所能提出了解决方案。许凯这样做既坚守了自己的原则，也取悦了被拒绝的人，真正做到了两全其美的拒绝。

案例中，许凯利用了两个技巧来表达拒绝，是哪两个技巧呢？这就是接下来我们要为大家介绍的两个说"不"的法门。

1. 通过别人来表达自己的拒绝

通过别人说"不"并不是为了逃避拒绝可能造成的不良后果，而是为自己拒绝的理由找到更充分的说服力，让拒绝更客观也更可信。

通过别人表达自己的拒绝还可以避免双方直接对峙，尤其是在双方关系不对等时。比如其他部门的领导向你提出了一个不合理的要求，这时你就可以请求上司帮你说"不"。同级别管理者利用合理的流程帮你拒绝会让你逃离风暴中心，更轻松地解决难题。

2. 拒绝也要拿出正确的修订意见

婉拒别人后，拿出正确的修改意见，可以消除对方被拒绝后产生的尴尬，顺便还可以消减对方因尴尬而被激起的怒火，避免对方认为这是故意拆台。而且，此时你提出的意见也表达了你的诚意，表示你并不是因为不想帮忙而拒绝，而是确实有自己的原因，比如抽不开身等。

既然你已经提出了一些正确的修订意见，表明你已经尽力在帮助提出要求的人，所以那些人被拒绝后也不好再抱怨什么。此外，值得一提的是，这时候你提出的建设性意见被采纳的概率会比平时高出一倍。

还有什么小方法能够帮助我们缓和拒绝带来的冲击呢？

第一，欲抑先扬。如果我们想要拒绝一个领导提案，可以先肯定其中的亮点，这样可以降低领导的敌意，缓和气氛，以便你接下来放大招。

第二，私下讨论。开会的时候如果不方便提出拒绝，可以尝试私下提出自己的意见。避免让当事人在众人面前下不来台，可以维护当事人的面子。

第三，坚持到底。如果你要拒绝就不要中途改变主意，这样反而更会让人觉得你明明可以接受却要故意给人难堪，所以如果真的要拒绝就拒绝到底。

第四，幽默婉拒。如果你想拒绝别人，又怕伤害别人的心，以开玩笑的方式也许会有不错的效果。比如别人找你借钱，你就说："我兜比我脸都干净。"虽然没有直接拒绝，但也说明了情况。

第五，提一个会被拒绝的要求。比如同事问你能不能帮他做某项工作，你可能因为某些原因拒绝了他。然后，你可以立刻说："对了刚想问你，我要出去玩，你能不能帮我照看猫咪几天。"当同事同样拒绝了你，会达到一种微妙的平衡，彼此之间都不会感到愧疚和难过。

以上小技巧都是基于尊重的原则。在职场上敢于表达意见，或者向你提出要求的，一般都是为了尽快解决问题，出色完成任务。所以当你表达拒绝时也要尊重对方，留有余地，不要冷漠不回应，或者讽刺挖苦，随意否定他人。这样，在拒绝的同时，也展现出了你对别人的理解和尊重，一切才会有转机。

◀ 沟通小贴士 ▶

两个说"不"的法门：

1. 通过别人来表达自己的拒绝。

2. 拒绝也要拿出正确的修订意见。

缓和拒绝的小方法：

1. 欲抑先扬。

2. 私下讨论。

3. 坚持到底。

4. 幽默婉拒。

5. 提一个会被拒绝的要求。

PART 8 | 第八章

从众沟通：
5 分钟顺势调整法，积极从众
更出众

杀伤力指数：★★

亲和力指数：★★★★★

情境思维，提升自我价值的关键秘诀

现实中，我们常常会碰到这样一个难题，就是当你坚信自己是正确的，可身边的人都不认同你时，你会怎么做？是迫于压力随大流改变自己的观点，还是依然坚持己见？

某高校曾做过这样一个实验，他们邀请了一位著名的德国化学家向学生们展示他发明的某种挥发性液体。主持人将满脸大胡子的"德国化学家"介绍给阶梯教室里的学生后，化学家用沙哑的嗓音向同学们说："我最近研究出了一种强烈挥发性液体，接下来我要做一个实验，看需要多长时间这种液体才能从讲台挥发到全教室。请闻到味道的同学马上举手告诉我，我要计算时间。"

说着，化学家打开了密封的瓶塞，让透明的液体挥发。不一会儿，前排的、中间的以及后排的同学都先后举起了手。不到 2 分钟的时间，阶梯教室里的同学全都举起了手。

此时，"德国化学家"一把把大胡子扯下，拿掉墨镜，大笑着说："我这里装的是蒸馏水！"

原来这位并不是什么著名的化学家，而是本校的德语老师。

这个实验生动地说明了同学之间的从众效应——因为看到别人举手，自己也跟着举手。但这些学生并没有撒谎，而是在"德国化学家"的言语暗示以及其他同学举手行为的暗示下，觉得自己好像真的闻到了一种味道，所以才举起了手。

这就是心理学中所说的从众心理。

什么是从众呢？从众就是指个人受到群体行为的影响，从知觉、判断、认识上表现出符合多数人的行为方式。

两个人能否沟通顺畅，很大程度上是距离感决定的。从众恰好体现了沟通中的亲和力，可以拉近人与人之间的距离，包括心理距离和空间距离。亲和力的强弱决定了距离感的强弱，越没有距离感，沟通的效率就越高，也就越容易建立良好的人际关系。

社会心理学已经证实，从众心理是部分个体普遍所有的心理现象。大部分决策者行动时，常常会考虑他人的判断和行为，即使一种行为完全是从众行为，理性的人也会参与其中并采取类似的行为。因为，人类是群居动物，如果脱离了大多数，会让人产生不安感，尤其是自己缺乏自信的时候，从众心理效应会更加显著。

虽然从众是人类由于其社会性而产生的一种非常普遍的心理，

　　但是谈起从众，大多数人首先想到的都是它的负面影响。从众的人也通常被认为是没有主见和思想、跟随大流的人。这类人在一个团队中既不会有出众的业绩，也不容易脱颖而出，最多做到暂时安稳，没有更多的价值。

　　当今是个崇尚个性张扬的时代，"从众"更是被看作贬义词，一经提起就被嗤之以鼻，常受到人们的排斥。但是事物都有两面性，从众自然也有它积极的一面。况且我们都生活在各种社会关系中，不可能完全脱离周遭环境而独立存在，个体的观念模式和行为模式也不可避免地会受到外界综合环境的影响。所以，人类的从众行为也几乎是不可避免的，我们需要避免的是丧失自己的主观能动性的盲目从众，而积极的从众则可以保持个体的独立性和独创性，是为了更加出众。

　　张妍是我朋友教过的一个学生，她初入职场的经历就很好地展示了如何避免因从众行为让自己失去自我价值。

案例

　　张妍就职于一家传媒公司，职位是活动策划。她之前是房地产公司的文案人员，因为喜欢传媒行业，下定决心转行后才进入了这家公司。跟张妍一起进公司的许冉，是传媒大学刚毕业的学生，两人都是新员工，没什么经验，经常被部门同事笑话是传声筒。

　　有一次部门开会讨论年度规划及下一步应该怎样提高业绩，这个时候，经理提了个意见说："大客户市场份额高，我觉得可以集中精力重点做大客户。"

　　许冉立刻接了一句："我觉得也是。"

　　副经理考虑了一会儿，提了另外一个建议："我觉得大客户在市场上毕竟是狼多肉少，竞争激烈，我们能把众多的小客户吸引成功的话，也会占据很大的一块销售额。"

　　这时，张妍说了一句："嗯，我觉得也是。"

　　听到这里，大家都暗暗觉得张妍和许冉确实是传声筒，没有什么主见。但是同事们不知道，副经理的提议正是张妍自己平时加班研究公司的运营数据得出来的结果。面对同事的取笑，张妍也没有辩解，只是根据自己搜集到的数据做了一个方案，提交了上去。

　　张妍知道自己在传媒行业还是新人，平时就主动利用业余时间学习，还在网上报了一些课程。许冉本来就是传媒大学的学生，有很扎实的专业知识，但是她看张妍在网上报班，也跟着一起报了差不多的学习班。许冉跟很多职场新人的想法一样，觉得多考点证书总是没有错的，甚至觉得"多张证书多条路"。所以经常是市面上流行什么证，她就跟着一窝蜂地去考，然后拿了一大堆证在手，似乎就会心安一些。

张妍却跟她想法不太一样，因为自己是半路转行的，于是就根据自己的盲区报了一些针对性强的课程。

结果，张妍的业务知识越来越扎实，反而是许冉这个传媒专业的高才生，因为随大流考了太多没有必要的证书，不仅对自己的工作没有什么显著的帮助，还因为证书太多而迷失了方向。

而且张妍对职场充电这种事看得很明白，觉得总有回报的一天。但是，许冉受网上那些贩卖焦虑的文章的影响很深，总觉得"种瓜得瓜，种豆得豆"，自己每天这么忙这么累，还愿意花这么多的时间和钱来学习，怎么着也得获得回报吧。所以一旦学习没有快速的回报她就自暴自弃，把考来的证书压箱底了。

两人入职一年后，有一个担任项目组长的机会，大家都觉得经理会选择许冉。因为许冉是传媒专业的高才生，而且还考了很多证书，肯定比张妍更有能力胜任组长。

许冉对自己也很有信心，她还安慰张妍说："妍姐，你虽然是转行进的传媒行业，但是你这一年也努力学习了不少东西，下次肯定有机会担任组长的。"

张妍觉得许冉说得也有道理，对这次任命的结果也看得很开。

没想到，任命的结果让大家大跌眼镜，经理最后竟然选择了张妍。这下轮到张妍去安慰许冉了。

经理为什么选择了半路转行的张妍，而没有选专业出身的许冉呢？

作为一名职场新人，张妍虽然也有从众行为，但她是一种积极的从众，而不像许冉是一种消极的从众。张妍附和副经理的意见是因为这是她研究运营数据后得出来的结果，而许冉在会上的表现仅仅是习惯性附和而已。

张妍选择职场充电是因为意识到自己欠缺传媒行业的专业知识，所以选择性地学习了一些专业课程。许冉选择职场充电，一部分是受张妍的影响，一部分是受社会上一些随大流观点的影响。所以最后张妍补充了自己欠缺的知识，而许冉只是考了一堆没有多大用处的证书。

一名职场管理者不可能完全特立独行，摒弃从众行为，不考虑周围的环境因素，也不能放弃独立思考，完全消极从众，所以经理最后才选择了积极从众的张妍。

案例中张妍和许冉的从众行为是典型的积极从众行为和消极

从众行为。那么到底什么是积极从众，什么是消极从众呢？

积极从众的目的是改善人际关系，增强团队凝聚力，让自己成为被周围接受、受欢迎的人。积极从众者可以在从众行为中保持自己的独创性，往往更容易在群体中脱颖而出。

消极从众就是随大流，丧失个性，变成没有意见的和事佬或者"老好人"，这是职场中最需要警惕的处事方式。有消极从众心理的人往往会丧失自身的创造能力，打着明哲保身的精明算盘。

从本质上来说，积极从众虽然表面上看起来很合群，但仍关心自己的内在需求，并没有丧失自我主张。消极从众则完全不关心自己的内在需求，只秉持着他人动我也动，他人静我也静的原则。

从目的上来看，积极从众是为了让自己更好地融入团队，让自己在人际圈中更受欢迎。消极从众的却是为了规避风险，在消极从众的人看来，从众虽然做不到出众，但至少可以保值。这是一种慢慢腐蚀自身创造性和独立性的心理行为，是不值得提倡的。

那么消极从众者该如何让自己保持独立思想，不至于泯然众人呢？这就要需要掌握拒绝的艺术，让自己成为积极从众者。

消极从众的一个突出表现是不懂拒绝，哪怕大众的决议是错误的，消极从众者也会紧跟其后。但是作为大众中的一员，想有融洽的人际关系，反而应该学习拒绝的艺术。如果觉得直白、果断的拒绝方式会伤害别人，那么委婉、智慧的拒绝方式就可以成为消极从众者首先要掌握的一门艺术。这一点已经在"拒绝沟通"章节有所讲述。

那么从众心理有哪些使用禁忌呢？

1. 不愿放下个性

对很多个性很强的职场人来说，说服自己放下个性，选择从众是很难的。积极从众和直言相谏其实只是解决问题的不同策略，相当于曲线救国，最终目的还是解决问题，而且还是一种避免战火的解决问题的方式。如何说服自己积极从众？摆正心态是职场人最大的挑战。

2. 高估大众的眼光

积极从众的人一定不要迷信"大众的眼睛是雪亮的"这句老话，要坚持自我，不能丧失自己独特的判断力，以免人云亦云。因为只有时时刻刻保持清醒，才能在问题出现的一刻进行积极思考，是拒绝还是从众，就在一念之间。即使面对大家都赞成的观点，也不要放弃思考，轻易附和，因为虽然"大众的眼睛是雪亮的"，但别忘了还有一句话叫"真理往往掌握在少数人手里"。

3. 轻易否定他人

每个人都有自己的生活方式和工作方式，即使别人有和自己不一样的地方，也不要轻易否定他人。比如，职场上不要因为别人的工作方式与你不同而完全否定别人工作上的价值。

不同的行为并没有绝对的优劣与对错之分，我们既不能完全否定他人，也不必东施效颦去效仿他人的工作风格。

> ◀ **沟通小贴士** ▶
>
> 从众心理的使用禁忌：
>
> 1. 不愿放下个性。
>
> 2. 高估大众的眼光。
>
> 3. 轻易否定他人。

积极从众，让对方迅速成为自己人

　　工作中，如果你的一个方案被上司否定了，你会选择搁置，还是据理力争地执行呢？

　　相信大部分人都会选择搁置，即使这个方案是正确无误的。这就是职场中大家最容易犯的错误——消极从众。

　　职场中，人们会之所以会消极从众，大部分原因是工作状态下的人会不由自主地与他人作比较，然后向更优秀的人学习，这就使得个体忽视了自身的工作价值和职业发展。

　　在《高效能人士的七个习惯》中，作者史蒂芬·柯维认为人的积极主动性是成功创造未来、努力提升生命价值的决定性因素。"从众"如果失去自己的独立性和创造性，就会让聪明的头脑日益迟钝，这不但会影响自己的职场声誉，还会让自己输掉比工作更重要的东西。

而积极从众恰好可以让大家在从众行为中重新重视自我价值，在融入团队文化的同时保持自己的独立性和独创性。积极从众体现了沟通的亲和力，这种亲和力是我们融入团队的关键。如果我们仅仅追求独立性和独创性，就很有可能会被排挤在团队外，没有机会发光发热。亲和力可以让我们在职场上拥有各种融洽的关系，积极从众中的融洽是职场人在团队中拥有自我发挥空间的主推因素。

那么问题来了？如何随大流，才能保持独立和创造性，同时还能让对方迅速成为自己人，更好地将自己的创造性发挥到实处呢？

我朋友部门的一名职员何娇就是积极从众的佼佼者，她的职场经历很好地诠释了如何在从众时保持自己的独立性。

案例

何娇最近新入职了一家公司，就职于质检部门。与何娇同时入职的还有一名新员工叫钟颖，两人年纪相仿，而且入职了同一个部门，对新的职场环境都感到新奇又有些忐忑。新公司是家族企业，非常讲究和气生财。都说家族企业外人难以立足，钟颖入职后就有些迷茫，心想要想融入这样一家公司，自己非要做出点儿牺牲，跟周围同事搞好关系，才能在此生根发芽。抱定这样的决心，钟颖处处与人为善，绝不在大庭广众之下表现自己的与众不同,有的时候还要牺牲既得利益去讨好老员工。

何娇入职后跟钟颖的感触差不多,她发现公司里就算是部门主管和经理,在处理问题上也不得不考虑别人的面子和利益。在这样的环境下,作为初来乍到的新人,何娇也认为只有先融入圈子,才能伺机而动。但是何娇的想法有一点跟钟颖不同,她觉得要想在这样的公司脱颖而出,光靠好人缘是万万不行的,还必须有拿得出手的业务实力和专业技能,能够拿下别人啃不动的难题,才能得到别人的承认。

于是何娇平时一直注意做好表面工作,对所有同事都和和气气的,上到领导下到车间工人,都能跟他们打成一片。没事的时候,何娇还喜欢下车间,亲自了解每一道工序和产品特性。很快,她就在改进管理方法、提高质量和产量方面积累了一些自己的想法。

钟颖因为懂得怎样迁就别人,很快就融入了团队。可能是因为本部门中"关系户"多,部门的工作量不是很重,公司对他们的管理也比较松散。在这样宽松的环境中,大家的惰性都被激发出来,就连环境卫生也不是很在意,钟颖每天也就得过且过。有时候同事们聚在一起聊天，何娇也经常混在其中，钟颖就放了心，更加放开胆子，整天无所事事地跟同事闲聊。

直到有一天，公司新上了一个项目，是公司的重点项目。何娇在一次闲聊中对部门一个老员工陈姐说："陈姐，我们拿下一集的剧情打赌，如果我输了请你吃饭，但是如果你输了怎么办？"

陈姐被何娇有些俏皮的话逗得一时兴起："你说怎么办就怎么办。"

何娇笑着说："好，那你就教我看新产品的设计图纸。"

钟颖想不明白，何娇为什么费力不讨好，放着清闲不享，非要去劳神费力。

办公室里的其他人听何娇这么说，都半开玩笑地夸她上进努力，何娇不好意思地笑起来。慢慢地，钟颖变成了一个没有主见没有想法的人，遇到需要表达意见的事情，人们也不会来问她的意见，她也只是看多数人的态度行事。

在关键问题上，何娇和钟颖却不一样，即使她同意别人的意见，自己也要经过思考再给出同意的答复，让人觉得她的回答不是草率的，而是发自内心的。即使不同意别人的观点，何娇也会首先肯定对方意见的价值，然后婉转地提出质疑和改进的意见，不会把自己推到众人的对立面。

于是同事们经常听何娇说的话就是"你说得没错，我也是这样认为的，但是如果这样把方案给客户，他们是不是不能领会我们的意思，而是想成这个样子……"或者"啊，你太聪明了，我怎么没有想到呢，不过我们还是再多花点儿时间琢磨琢磨，或许会得出更加完善的方案"。时间一长，大家觉得何娇是个有头脑有思想的人，一些有挑战性的工作慢慢就交给她去做了。

就在钟颖浑浑噩噩混日子的时候，何娇的机会终于来了。她通过平时的学习和对基层生产的熟悉，提出的一系列革新建议被公司领导看好，公司决定给何娇升职，在做员工情况调查时，部门所有人都没有提出质疑。他们认为何娇本来就是一个非常有头脑的人，跟同事的关系也相处融洽，让她升职天经地义。只有钟颖想不通，当初自己和何娇同时进入公司，为什么何娇就能从从众到出众，得到跟自己完全不一样的发展呢？

为什么同样是随大流，何娇却和大家打成一片，并且得到支持和赞赏，而钟颖却失去了独立性，成了平平无奇的大众中的一员了呢？

何娇和钟颖作为新员工同样是从众，何娇是积极从众，她的从众是为了更好地融入新的工作环境。而钟颖则是消极从众，是完全随大流，没有自己想法的从众，所以才埋没了自己的个性。

何娇和钟颖还有一点不同，那就是在关键问题上，即使她不同意别人的意见，也会首先肯定对方意见的价值，然后婉转地提出质疑和改进意见，这样才不会把自己推到众人的对立面。

何娇虽然看起来是从众，但还是有自己的主见和工作方法，比如下车间基层亲自了解每一道工序和产品特性。同时，她还会不断学习，提高自己的工作能力，比如让老同事陈姐教她看新产品的设计图纸等。她的努力上进是她能够升职的重要原因之一。

从众并不是完全地随大流，那么如何在从众的同时，让对方迅速成为自己人呢？

1. 融入圈子，要狠下苦功夫

进入新环境的时候，我们都需要先融入圈子再伺机而动。这里的从众其实只是一种烟幕弹，本质是借助从众掩护自己，达到目的。但是好人缘只能让你获得一时的稳定，你想获得认可还需要自身的努力与实力。因此与大家保持一团和气并不是永久解决问题的关键，尤其是在职场中，你所具备的业务能力、人际沟通能力以及管理能力才决定了你在职场中能达到的高度。所以。职场新人在与人为善、搞好人际关系的同时，不要忘记提升自己的业务能力，只有这样才能得到晋升的机会。

2. 见贤思齐，见不贤而内省

这里的从众其实是学习他人好的一面，学习他人的长处和优势。每个工作环境中都有值得自己学习的人，也会有一些不良的习惯和氛围。这时只能依靠自觉和自律，确保自己在和大家搞好关系、学习他人长处的同时能够摒弃职场中一些不良的习惯和作风。比如，可以学习职场新知识、新技能，但是面对办公室得过且过的不正之风则要做到不跟随。

3. 人际从众，思考独立

这里的从众是指在与人相处时投其所好，不要计较无关痛痒的小问题，但是仍要保持自己在思考和重要事件上的独立性。不要在任何情况下做墙头草，要有自己的想法，不能人云亦云。比如在沟通中，可以和他人讨论共同话题，以拉近彼此的关系，但是处理工作时则要认真思考，负责到底，只有这样才能让人觉得你不仅非常有头脑，而且有责任心，是可以依靠、值得交往的。

4. 语气委婉，态度温柔

不同意别人的观点时首先要肯定对方意见的价值，然后婉转地提出质疑和改进的意见，这样才不会把自己推到众人的对立面。采用委婉的说法既能让人知道你的想法，也不会让对方难以接受，反而可以让对方觉得你是个有头脑、有思想的人，愿意和你合作，甚至对你委以重任。所谓委婉就是别让语言、面部表情、行为带有批评和拒绝的色彩，而应采用商议和开放的方式沟通，比如用微笑代替皱眉头，用手臂打开的方式代替手放在下巴下的思考方式等。

◀ 沟通小贴士 ▶

从众在沟通中应用的四个法则：

1. 融入圈子的同时狠下苦功。

2. 见贤思齐，见不贤而内省。

3. 人际从众，思考独立。

4. 语气委婉，态度温柔。

破窗效应 VS 榜样效应，补救和引导的双重套路

盲目从众在大部分人眼里都是人们在职场发展中的一大障碍。那为什么有的人从众可以脱颖而出，而有的人从众就泯然众人了呢？

因为从众有正反两种效应，消极的从众会因小问题引发出大事故；而积极正面的从众，则可以见贤思齐，和别人共同进步。恰当地使用从众的策略，能摆脱盲目从众，从而冷静、理性地做出正确选择。而能否减少盲目的从众行为，坚持自己的正确判断，也成为一个人成功与失败的分水岭。

心理学家认为，人之所以从众，是因为有寻找归属感和安全感的自觉需要，一个人在神经紧张、群体压力大的状态下更容易出现从众行为。从众行为体现了沟通中的亲和力，表现的是沟通

者的认同心理，这种认同感可以消除职场人在工作中因无法获得成功或满足所带来的焦虑。这种认同感也体现了一个人的同理心，同理心是沟通中的"润滑剂"，有助于沟通的顺利进行。

所以，管理者可以从把握员工的从众心理入手，拿捏好从众心理，就会给管理工作带来一劳永逸的效果。

那么如何杜绝大家跟风践踏规矩的同时再借助榜样的力量，让对方跟着你的套路走呢？首先来介绍两个概念，一个是破窗效应，一个是榜样效应。

1. 破窗效应

破窗效应是指如果放任环境中的不良现象存在，就会诱使人们仿效这种不良现象，甚至让目前的状况更糟。原本不好的、错误的行为，因参与人众多反而演变成了公众行为。

破窗效应是我们不愿意看到的一种从众模式，但是它时常出现在我们的生活中，给我们的生活生产造成了极坏的影响。破窗效应是怎么来的呢？有人把一栋建筑物的玻璃窗打坏了，破坏者可能是不小心打破了窗户，但因为破损的窗户没有得到及时修缮，其他人就纷纷效仿，把其他完好的玻璃窗也打坏了；更恶劣的是，有人甚至从打烂的窗户中钻进里面实施了偷窃等犯罪行为。

一扇破窗造成的无秩序现象，成了滋生犯罪的温床，这就是在管理学和犯罪学中著名的破窗效应。这个效应就是消极从众带给人们的消极影响。如果你是一名企业管理者，怎样应对企业中出现的消极从众现象呢？除了第一时间修缮第一扇破损的窗户外，如何防止有人打破窗户更是管理者应该思考的问题。

2. 榜样效应

榜样效应就是指具有代表性的先进人物在影响和激励人们的过程中产生的积极效果。它和破窗效应是从众效应的一体两面，榜样带动的是积极向上的风气，可以营造良好的风气环境。

从心理学角度看，榜样的心理机制主要基于两个层面。第一层面，人生来就需要获得尊重、认可、接纳，即便是两岁的小孩也已经学会了从效仿中获得这种心理需要。第二层面，既然对效仿的对象产生了一定的行为认同，想要成为他，就需要不断强化效仿他的行为，真正将认同的东西变成自己自然而然的行为。

我一个朋友左铭新入职了一家房地产公司，任业务部经理，他就利用了破窗效应和榜样效应，迅速在新部门树立了自己的权威。

案例

左铭在房地产界一直是一名业务好手，因为名声在外被猎头挖到了一家新公司工作。

左铭入职后，为了跟员工们拉近关系，打着团建的名义，请大家聚了一回餐。聚餐完，左铭大致了解了部门员工的情况。他负责的这个新部门有一两个业务精英，剩下的都业绩平平，但是大家都很努力，没有混日子的。部门成员大部分都是年轻人，都想打拼一番事业，这算是个好现象。

破窗效应

正式投入工作后，左铭像往常一样整理部门的业绩情况，打算将部门员工负责的市场先进行简单的分析。可是当他向部门行政人员要数据时才发现，员工交上来的资料有一大部分是手写的，没有电子文档。

左铭皱了下眉头问："怎么那么多手写资料，是没来得及整理吗？"

部门行政人员为难地说："我们部门都是手写资料，吴哥说好记性不如烂笔头，他就喜欢把重要的东西记在纸上。"

左铭知道行政人员说的吴哥叫吴翔，是他们部门业绩最好的员工。左铭也没多说什么，点点头表示知道了。

等到周一开会的时候，左铭让行政人员搬了一箱子资料放在他旁边，然后就一直坐在会议桌前翻看资料。部门员工都准备好了汇报资料，却发现经理只顾着翻那一大箱子资料，根本没有开口的意思。

员工们不知道经理在想什么，都一起看向吴翔，希望他开口问问。吴翔比较年长，而且在部门里比较有声望，等了一会儿见左铭还是没有说什么，就站起来问道："经理，是我们的资料有什么问题吗？"

左铭听到吴翔问他，就放下手里的资料，笑着说："我们部门的资料倒是没什么问题，都分门别类记得很详细，只是我感觉少了一份。"左铭说着拿出两页纸给大家展示了一下，"你们看这两份资料好像对不上，中间日期少了一天。"

那份资料正好是吴翔提交上去的，他拿过来一看确实少了一页，于是赶紧请示了一下，回自己办公室找。剩下的员工也怕自己的资料是不是无意中也了丢一两份，一下子都有些坐立不安。

不一会儿，吴翔满头大汗地进了会议室，扬了扬手中的一页纸，高兴地说："经理，找到了。"

左铭接过来，笑着问："在哪儿找到的？"

吴翔愣了一下，不好意思地说："在咱们办公室墙角的垃圾堆找到的，可能是刚才拿过来的时候不小心掉到地上了。"

左铭摆摆手，表示没事，然后放下手里的资料，笑着问大家："大家还记得是谁先往那个角落里扔垃圾的吗？"

员工们也不知道谁最先往那个角落里扔垃圾的，反正当时那里已经是公认的垃圾堆了。虽然那个角落里放了一个垃圾桶，但不一会儿就被垃圾塞满了，还有不少垃圾就堆到了地上。每次都是保洁人员过来收拾，自己部门的人倒是没有想过去收拾。

所以部门员工听到左铭这么问，都不好意思回答，低着头不说话。

左铭笑了笑说："我今天不是为了批评大家这件事的，我只是举个例子，你们看本来不是扔垃圾的地方，但是大家都往那儿扔，形成习惯后，好好一个地方就成了一个垃圾堆。就像大家交上来的资料一样。"左铭说着把一大箱资料搬到了会议桌上。

员工们不知道左铭想说什么，都抬起头看他。

左铭忽然看着吴翔问："吴翔，如果你那份资料丢了再也找不回来了，怎么办？"

吴翔支支吾吾了一会儿，小声说："只能再去找客户搜集一份了。"

左铭没批评这个答案，反而笑着问他："大家习惯手写资料都是跟你学的吧？"

吴翔点了点头。

左铭把吴翔找回来的那份资料小心地放回去，跟大家说："不好的习惯就像随便扔垃圾一样，会传染的。纸质的资料，不仅不好保存，需要用的时候还要重新录入，凭空增加了很多工作量。我希望以后大家回来整理资料时最好直接用电脑整理，再备个份，这样才万无一失。"

员工们听了都觉得有道理，纷纷点头。

左铭为了缓和气氛，又开了句玩笑说："吴翔是我们部门业绩最好的员工，但是他的个人习惯，大家不该都跟着学啊？是不是他第一个朝角落扔垃圾的啊？"

"绝对不是我！"吴翔赶紧否认，还闹了个大红脸。

大家都哄笑起来。

榜样效应

作为部门经理，左铭并不只是改正大家不好的习惯，为了鼓励大家齐头并进，他专门在部门墙上贴了一张业绩榜，取名叫"好榜样"，鼓励大家向业绩好的员工学习。每个月业绩最好的员工不仅能得到最高的奖金，还要跟大家分享经验，讨论心得。

左铭来了一段时间，部门员工不仅做事越来越规范，而且大家在相互鼓励的氛围下，业绩也越来越好了。

左铭是如何利用破窗效应和榜样效应来管理部门员工的呢？

左铭利用破窗效应给员工讲述了一个道理，任何一种不良现象的存在，都在传递着一种信息，这种信息会导致不良现象的无限扩展。所以，左铭在开会的时候直接指出了员工的不良习惯，并提出了改正意见，要求他们及时修正过来。如果他对员工的不良习惯不闻不问、熟视无睹，或者纠正不力，就极有可能演变成"千里之堤，溃于蚁穴"的恶果。

左铭在纠错之后还利用业绩榜的方式给员工树立典范。这样，员工就会以业绩好的那些人为榜样，把榜样人物同主观自我高度融合，在具体问题面前，运用榜样人物的立场、观点和方法来认识问题、形成观念设想，从而指导支配自身的言行。

如果你是一个管理者，或者你未来期待走上更高的领导岗位，那你一定要知道，在管理中懂得修理一扇破窗比盖起另一栋大楼更加重要，在小问题上要严肃处理，不能听之任之。

如果你还想要掌控好员工的从众心理，最有效的方法便是塑造榜样，榜样相当于公司管理的风向标。这个策略运用熟练后，你会发现你的员工其实就像你牵在自己手里的"马群",他们的去向要完全看你的指挥。纠正大家跟随坏行为的思想,再适时树立良好的规范,大家才会跟着你的套路走。

那么具体如何使用破窗效应和榜样效应呢?

对破窗效应的建议如下:

1. 员工犯错时,及时给予批评指正

员工犯错之后,如果管理者反应不大,就会给员工一个错误的反馈,让员工以为自己的错误并不严重,这样不仅会使犯错误的员工有恃无恐,还会让其他员工争相效仿。公司的管理就有可能因为这一个错误而全面崩溃。

管理者必须要学会正确对待员工的错误,当员工犯错之后,一定要及时批评纠正,让员工认识到自己的错误,然后去改正。

2. 制定相应的规章制度

所谓"没有规矩,不成方圆",为了避免员工知错不改,管理者需要制定相应的规章制度,让员工为自己的错误承担相应的责任和惩罚。这样员工就会逐渐改正自己的错误行为,最终不会再犯。而管理者作为员工的榜样,也要和员工共同制定规章制度,这样员工才会更严格地遵守公司的制度。

3. 发现员工身上的闪光点,帮助其建立自信

员工经常会在管理者那里得到一些反馈,比如效率低、能力

不强等，管理者给员工的负面定性，无疑是员工的"第一扇破窗"，员工就有可能会因为管理者的定性，破罐子破摔，更不努力了。

因此，在管理员工的过程中，要善于发现员工身上的闪光点，帮助员工改正不好的工作习惯，并适时给予员工奖励，帮助员工避免破窗效应，让员工更加自信。

塑造榜样的方法如下：

1. 树立身边的人作为榜样

树立员工身边的人为榜样，对员工的激励效果更明显。因为，员工与身边的同事心理差距小，更了解其成功的过程，容易产生超越的信心。这一点，对于规模比较大的团队或企业尤为重要。

2. 创造不同层次和类型的榜样

人的成长道路是多种多样的，树立榜样不能搞一枝独秀那一套，而应该树立不同层次和类型的榜样供不同类型的员工学习。员工找到适合自己学习仿效的榜样，才能更好地发挥榜样的激励作用。

3. 树立真实的榜样

榜样的生命力在于真实。榜样不是十全十美的圣贤，而是被群体公认的品格高尚、工作出色的真实的人。不能虚构榜样的先进事迹，这样的榜样才能被众人信服，因而也更具权威性。不真实的榜样比没有榜样的效果更差，搞假榜样只会让团队成员产生逆反心理。

4. 引导员工正确对待榜样

榜样只是某一方做得出色，并非十全十美的人。管理者要引导员工正确地看待榜样，一方面要避免员工形式主义地模仿榜样，另一方面要正确引导员工，不能对榜样求全责备，严苛挑剔。

◀ 沟通小贴士 ▶

破窗效应的建议：

1. 员工犯错时，及时给予批评指正。

2. 制定相应的规章制度。

3. 发现员工身上的闪光点，帮助其建立自信。

塑造榜样的方法：

1. 树立身边的人作为榜样。

2. 树立不同层次和类型的榜样。

3. 树立真实的榜样。

4. 引导员工正确对待榜样。

炫耀沟通：
5 分钟优势营销法，让自己在别人眼里更值钱

杀伤力指数：★ ★ ★ ★

亲和力指数：★ ★

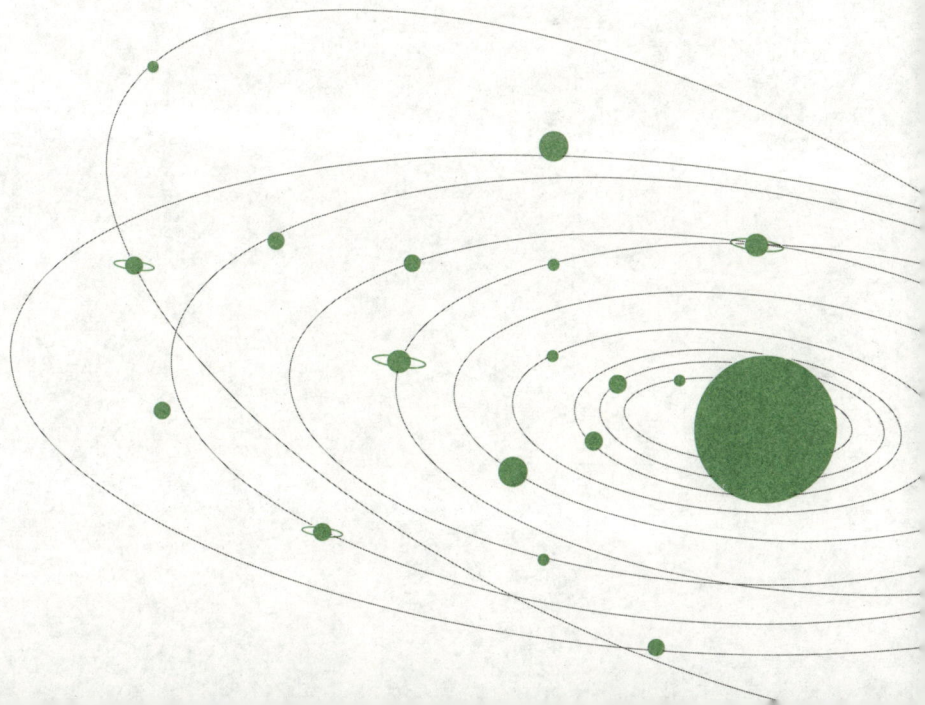

刻意炫耀，机会究竟会不会留给一直低调做事的你

假如你在职场上被人贴上"当众炫耀"的标签，会有什么后果呢？你很有可能变成一个不受欢迎的人，大家也不愿再跟你合作。"低调做人，高调做事"是人们公认的道德准则和好员工的标准。

不过，炫耀在某种程度上是能力强大的自信体现，代表着高调和强势。这种高调可以帮助你彰显自我价值，在你具备实力时就可以利用炫耀策略在职场竞争中取胜，获得更多的机会。

什么是炫耀呢？现代心理学研究已经证明，动机和需要紧密相连。人的动机大都是借由需要具体表现出来的，或者说动机就是需要的动态表现。如兴趣、意向等，都是需要的具体表现。"希望创造和发明东西，希望解决难题，希望获得威信、地位、自尊

和自信感或者成就情感"都是不自卑的人所拥有的正常的动机。

在这些动机作用下，人就会有自我炫耀的表现，比如男人炫耀武力，女人炫耀美丽；商人炫耀财富，学者炫耀知识等，都是上述动机下的不同表现。所以，炫耀不是一种负面、不健康的心态，反而是正常的，甚至可以说是人的一种本能。

从进化论角度看，炫耀提升了繁殖的成功率，使个体繁殖具有相对优势，例如孔雀开屏就是通过炫耀进行求偶的一种手段。因此，炫耀可以说是经自然选择进化而来的，我们应看到炫耀的价值和意义。

另外，当我们希望得到别人的认同时，我们把别人认同的行为表现出来，这种行为也是炫耀。

而认同感是群居动物的本能。举个例子，猫是社会性不强的生物，个体高傲的它们对认同感的需求不强烈，所以无论主人做什么，它们都会表现出不是很在乎的样子。狗却不一样，狗的个性忠诚，喜欢主人的赞扬，对主人很依赖。所以生物学家认为犬科动物比猫科动物进化得更好，换言之，犬科动物有更强的社会性。

作为社会化最强的生物——人类，对认同的需要几乎是一种本能。虽然有部分人依靠自我认同就能获得心理满足，但大多数人还是需要他人的认同。前者只需要自我认同，所以做事会更加稳重、专注，很少被外界侵扰；后者是大多数人的心态，需要通过别人的认同才能完成自我认同，这就造成了炫耀。

　　炫耀具有两面性，一是指从各方面特意强调自己，夸大自己，比如炫耀自己的金钱、权力、地位等，这一面还略带有看轻别人的意思。二是指夸耀，刻意向他人展现自己认可的事物，从而获得别人的赞美与羡慕，这里并无轻视他人的意思。从释义来看，炫耀并非单纯的贬义词，还有另外的面向。

　　我的朋友给我讲过她的部门职员徐露莎的故事，因为不爱在职场上炫耀，她失去了宝贵的晋升机会。

案例

　　徐露莎是一家广告公司的创意文案人员，中文系研究生毕业，平时的阅读量很大，对很多事都有自己的见解，在校读书时各方面表现也都很优秀。可能因为她读书时太过优秀，所以工作后就特别害怕平庸，总是要求自己做好事情再说话。因此徐露莎工作后每天就是在办公室埋头苦干，既不会出现在茶水间的闲谈中，也不会出现在上司的午餐桌前。开会时，她几乎从不发言，因为担心自己的见解不够优秀。抱着"不鸣则已，一鸣惊人"的想法，她总是没有机会开口。

　　入职一年后，徐露莎在上司眼中还是个默默无闻的小职员。这时，部门入职了一个新员工，跟她是校友的一个小姑娘。小姑娘名叫何亦秋，本科毕业，在校时就听说过徐露莎的大名，所以入职后就一直嚷着要向徐露莎学习。徐露莎知道自己工作这一年并没什么惊人的成绩，常常被何亦秋弄得不好意思。

何亦秋年纪小，性格活泼，人又勤奋好学，很快就跟前辈们打成一片。徐露莎很快就发现了何亦秋跟自己不一样的地方，她这个小学妹非常喜欢跟人交流，也不惧怕发表自己的观点，即使她的观点并不成熟。比如，午餐的时候何亦秋总是喜欢跟同事们分享自己最近做了什么，工作上有什么心得，甚至遇到经理时也会兴致勃勃地告诉他自己读了一本什么书，或者刚刚学过的管理学课程，自己还有不明白的地方正打算跟经理请教。

何亦秋看过的书，学过的课程，徐露莎在之前就已经很熟悉了，但是她从没跟别人讲过，就怕别人说她炫耀。但是，她不明白何亦秋为什么能够那么坦然地把自己的想法说出来。

有一次，部门会议上，经理拿了一个客户打回来的方案向员工们征求修改意见。徐露莎听完后，大致有了修改的方向，但是她觉得还不够完美，于是就没有着急发言。这时，何亦秋却踊跃发言，把自己的想法一股脑地说了出："我觉得这个方案的主要问题是客户群体没有细分，而且广告词也没有抓住目标客户的根本需求。"

徐露莎一听，觉得何亦秋的说法比较笼统，也没有说出明确的修改方案，忍不住暗暗嘲笑她无知无畏。

意想不到的是，经理却很满意，表扬何亦秋说："小何提的意见不错，这个方案确实存在这些问题。小何是咱们部门的新员工，虽然经验不多，但是非常勤奋，私底下也学习了不少课程来弥补自己的短板。那这个方案就交个小何来修改吧。"经理把方案交给何亦秋说，"你先拿去修改，有什么不明白的地方多跟前辈们学习。"

何亦秋接过方案，笑着跟经理道谢。部门的其他成员也都很喜欢这个小同事，让何亦秋有什么问题可以直接找他们。

会议结束后，徐露莎还没搞明白，修改方案的任务怎么就交给了何亦秋这个新人，明明自己更有经验，更有想法，为什么经理没有发现呢？

何亦秋接了修改方案的任务后就加班加点地开始琢磨，有流程上不懂的地方，她也直接问同事。同事们见她知道分寸，没有直接向他们要创意，于是也都很乐意教她。

　　何亦秋很快就修改好了方案，因为自己仔细琢磨过，还专门找了各种案例学习，所以方案修改得很完美，经理也表示很满意，并在部门会议上表扬了何亦秋。之后，经理经常把方案交给何亦秋负责，有大项目也会让何亦秋跟着学习。

　　徐露莎实在看不出何亦秋究竟有何过人的能力，经理却很欣赏她，认为她积极向上、富有魄力、敢说敢做，具备可贵的领导才能。没多久，何亦秋就升任了主管，而徐露莎还是一名小职员。

　　何亦秋知道自己学姐的能力，有一次就劝她："学姐，你就是太清高，你那么有能力不表现出来，别人怎么能知道呢？"

　　徐露莎却觉得，总是想表现自己，不会被人说太爱炫耀吗？

　　于是没进公司多久的何亦秋升了职，而入职快两年的徐露莎还兀自沉默着，不知道她什么时候能明白应该适时表现的道理。

为什么学历和能力都不如徐露莎的何亦秋反而先升职了呢？

何亦秋在职场上比徐露莎多了一个优点，那就是懂得使用炫耀策略。许多像徐露莎一样自认为很优秀的员工，只想着一鸣惊人，却不知道如果你不向别人展示自己的才华，别人怎么有机会发掘你呢？

何亦秋的炫耀策略让自己成了职场上的一匹黑马。本来主管把方案交给她，只是想给新人一个机会，并没有期望她可以做得多好。但何亦秋经过自己的努力把方案修改得很完美，让上司眼前一亮，为自己争取了更多的机会。

如何才能使用好炫耀策略呢？我们在使用炫耀策略的时候要注意些什么呢？

1. 发现炫耀的资本

炫耀的基本前提是要有炫耀的资本，而不是自己胸无点墨就没头没脑地跟人炫耀。只有有资本才能在炫耀的时候得到别人认可，而不是被别人指责夸夸其谈。炫耀也并非恶意夸大，把无说成有。比如，你入职时可以缺乏从业经验，却不能缺少扎实的专业知识和努力掌握岗位技能的决心，这时的炫耀才是正当的、恰如其分的。炫耀资本是你提出独特见解的底气，当资本具备的时候，你需要的只是一个合适的时机罢了。

2. 抓住炫耀的时机

恶意的炫耀不是一个好习惯，再优秀自信的人，每天都费尽心机地在别人面前炫耀，也会招致人们的白眼。因此炫耀的时候，抓住时机非常重要。这种时机会让你一击即中，将自己的优势展现无遗。通常来说，你抓住的时机恰好是被别人忽视掉的，冷不防让对方眼前一亮，那么这个时机就会让你的炫耀取得最好的效果。

3. 炫耀别人不具备的特质

如果是别人都有的能力，那么你的炫耀就没有意义了。试想如果炫耀自己教学的年限，或者炫耀一些工作上大家都有经验，别人就不会买账了。炫耀与众不同的方面，挖掘自己的潜力，才能让自己变得突出，变得与众不同。

4. 与上司保持一定的距离

谁都知道"距离产生美"的道理，在人际交往中，如果你对一个人知根知底，那么他不好的一面一定也会被你识破。所以，当你炫耀成功之后，要尽量与上司保持一定的距离，让美继续下去。

5. 避免经常炫耀

炫耀只是一种策略，终究不能反映一个人最本质的一面。事实证明，一个人即使伪装得再好，也不可能完全不露出破绽。使用炫耀策略时更是如此，如果经常进行一些不必要的炫耀，那么必然会适得其反。

6. 巧让别人帮忙炫耀

直接炫耀自己的才能，往往会让别人对你产生油嘴滑舌、腹内草莽的印象。反之，如果让别人看到自己的长处，通过别人之口夸赞自己的优点，则会大大增加效果。

> ◀ 沟通小贴士 ▶
>
> 使用炫耀策略的注意事项：
>
> 1. 发现炫耀的资本。
>
> 2. 抓住炫耀的时机。
>
> 3. 炫耀别人不具备的特质。
>
> 4. 与上司保持一定的距离。
>
> 5. 避免经常炫耀。
>
> 6. 巧让别人帮忙炫耀。

放大镜效应——怎么让你在别人眼里更值钱

通常，规模较大的企业在招聘时，为了加大选择主动权，会比原计划多招几人以便比较，择优录取。那么，如何在试用期达到业绩评估标准，就成了一些员工，尤其是刚进入职场的新人的头道考验。因为这是关乎在试用单位去留的严肃问题。试用期对一个人的职业生涯来说是短暂的，在短暂的几个月时间内如何表现自己，才能为最终获胜增添砝码呢？还是要适当运用炫耀策略。

职场中的炫耀策略带有一定杀伤力，可以让你不惧展示自己，让别人发现你拥有的较强专业技能和较高素质，从而让你在职场上得到提升。在职场中，只有学会适当地展示自己，才能让自己的才能得以发挥。如果职场人士不懂得展示自己，就失去了在职场发光的机会。

有理论表明，职场成功与否是由三个要素组成的，即专业表现、个人形象和能见度，其中能见度所占比重为60%。能见度是指，醒目却不刺眼地亮出自己，让别人发现你的闪光点。在职场中总是存在那么一群人，他们比别人更努力，得到的却并不多；甚至有时候，他们做了事情，功劳却算到了别人头上。他们总认为自己是时运不济的人，殊不知，有这种结果都是因为他们不懂得使用炫耀策略。

炫耀策略是职场必备策略之一，用炫耀策略展示自己，可以让上司、同事注意到你的优秀之处，给你的成功创造机遇。当你适当地放大了自身的优势后，就可以让自己变得更有价值。

我朋友跟我说过她公司的一个新人苏萌，就因为很好地把握了炫耀策略，让自己成了唯一留下来的实习生。

<table>
<tr><td>案例</td><td>苏萌是个不折不扣的职场新人，刚刚大学毕业，专业是多媒体制作。最近，苏萌凭借自己对专业的热情，以及之前完成的一些动画成品，成功应聘到一家影视动漫公司从事设计工作。

这家公司为苏萌开出的条件是，试用期三个月，做设计助理，如果她能够胜任，试用期结束后可以独立承担一部分设计工作，如果不能胜任，就另谋高就。跟苏萌一起进公司的实习生还有另外两个人，他们三个人将</td></tr>
</table>

来要竞争一个转正的机会。

苏萌入职的第一天便发现，自己的主管是一个能力非常强的人。但是因为主管个人能力太强，所以常常显得他身边的助理都很平庸。而且这个主管做事雷厉风行，最不喜欢拖拖拉拉的员工，他喜欢对自己的助理同时下很多命令，搞得人心惶惶。

苏萌在这种高强度的工作下，忍不住会想，他们三个实习生这样俯首听命，三个月后主管会选择哪个人留下呢？

苏萌慢慢发现，在主管的高压管理之下，跟她同时应聘过来做助理的两个实习生没多久就都有些灰心丧气，表示干不下去。苏萌却不愿放弃这次机会，她想就算别人不给自己机会，自己也要给自己创造机会，在实习的这几个月时间里炫耀一把，让这位严格的主管看到自己的闪光点。

在一次会议上，主管和大家共同讨论一个设计方案的草稿。主管发言过后，没有一个人敢接着开口，一时间会议室的气氛安静得吓人。而苏萌早有准备，因为之前她就看过这个草稿，对这个方案确实有一些看法。于是她接过主管的话茬，侃侃而谈，把自己的想法和盘托出。

令人意想不到的是，主管听到她的想法时并没有大加驳斥，而是笑着说："如果以后有商业广告，这是个非常好的建议。如果大家都能像苏萌一样积极一些，相信我们的工作会有很大的改观。苏萌所提出的建议没有违背设计的初衷，起到的是锦上添花的作用，说明她完全理解我的设计理念，我非常看好她。"

主管的鼓励让苏萌觉得他并没有想象得那么可怕，她想假如自己能够找一个合适的机会证明自己的实力，向主管说明自己是优秀的，那么试用期之后被留下来的肯定是她了。苏萌花了几天时间，综合以前所学和这些天来跟随主管学习的心得，精心制作了一个动漫短片，开始等待机会的出现。

不久后的一天，开例会的时候，主管要求大家展示自己的工作成果。苏萌看完其他人的短片后，心里有了底。不出所料，这些人还是沿袭了以前的思路，不求创新，但求无过，所以设计中没有什么出彩的地方。

苏萌最后一个做了展示，主管看完她的作品后高兴地说："苏萌的作品非常不错，因为我从中看到了她的认真努力，她的思考，还有精益求精的上进心。她在作品中敢于大胆尝试以前我们没有用过的思路，这一点就难能可贵。"

最终苏萌顺利通过试用期，因为试用期表现良好，转正后，她获得了更多的主动权，也得到了主管更多的指导。

案例解析

苏萌是如何通过炫耀策略在实习生中脱颖而出的呢？

苏萌知道自己在三个实习生中并没有很明显的优势，而三个月的期限并不长，所以她丝毫没有放松，而是从开始就一直在准备，为自己的炫耀积累资本。她的精心准备让她在讨论一个设计方案的草稿时获得了主管的青睐。不管是发表意见还是成果展示，苏萌都是精心准备的，她在炫耀自己的想法和成果时有充足的底气，让人看到了她的实力。

炫耀也要抓好时机，因为主管能力强，所以旁人都不敢轻易发表意见，不求有功，但求无过。时间久了，主管一个人能力再强，也多少会感到缺乏支持和助力。这个时候苏萌站出来发表自己的观点，并且观点合理有建树，自然就引起了主管注意。

同时，因为主管的能力很强，所以苏萌在炫耀自己的同时也维护了主管的威信。她在第一次提建议时并不是完全推翻了主管的设计理念，而是在他的基础上对设计加了一些锦上添花的东西，因此主管非常看好她。

在职场上，把自己的能力适时地展示给上司对职业的发展非常重要。那么使用炫耀策略时，有哪几个原则呢？

1. 充分准备，不放过任何一个炫耀的机会

只有在有准备的情况下才可以不错过任何一个机会，在炫耀自己时更有充足的底气，让人看到你的实力。而且，职场上受欢迎的员工，也一定是凡事都有准备的人。只有提前准备，步步为营，才能抓住最适当的时机利用炫耀策略展示自己。

2. 不要害怕被批评，该炫耀的时候一定要炫耀

如果你的上司能力太强，或者要求太严格，那么大部分同事在高压管理下肯定都会选择明哲保身，不敢轻易发表意见。这时，上司可能就会觉得自己无法收到正常的反馈，如果这时你能站出来发表自己的看法，就很容易引起他注意。所以，当大家都事不关己高高挂起的时候，反其道而行之，进行炫耀，你就很容易成为黑马，领先于他人。

3. 炫耀自己，也要承认他人的能力

使用炫耀策略时也要承认他人的能力，比如，你的上司能力很强，你在炫耀时就要注意不能触及上司的权威，不要盲目地否定上

司的意见，而是应该努力丰富上司的想法或方案。如果一味炫耀自己的观点想法，完全推翻上司的理念，那么很可能导致反效果。

炫耀自己，让他人认同自己之前，首先要接受他人的理念，尤其在上司面前。

4. 不独揽贪功，给别人留下展示的机会

职场上使用炫耀策略首先要保证自己有足够的能力独自承担工作，因为炫耀策略就是为了向上司证明你有良好的独立处理工作的能力。但炫耀的同时切忌为贪功而独揽工作，应该给其他同事也留下展示自己的机会，否则会弄巧成拙，给上司和同事都留下不良印象。

◄ 沟通小贴士 ►

炫耀策略在沟通中应用的四个原则：

1. 充分准备，不放过任何一个炫耀的机会。

2. 不要害怕被批评，该炫耀的时候一定要炫耀。

3. 炫耀自己，也要承认他人的能力。

4. 不独揽贪功，给别人留下展示的机会。

四个技巧，扣准时机自我营销

　　我们常听到这种说法，你炫耀什么，内心就缺什么。这句话不无道理，但又不可一概而论。那我们该如何客观地理解这句话呢？

　　首先，心理学上有一个计划行为理论，是社会心理学中关于个体行为生成的最重要的理论之一。该理论认为个体拥有大量有关行为的信念，但在特定的时间和环境下只有相当少量的行为信念能被获取，这些可获取的信念也叫突显信念，是行为态度、主观规范和知觉行为控制的认知与情绪基础。

　　从马斯洛需要层次理论看，现代人生活水平提高了，生存需要得到满足，追求的都是更高层次的需要。比如我们在朋友圈频繁刷屏其实是希望向朋友展示自己的幸福生活，从而得到关注，满足被尊重的需要。通过"晒"朋友圈也可以联络感情，了解彼此近况，满足交往的需要。

其次，这句话是有道理的。比如，一些晒名牌、奢侈品的人可能就是因为缺乏自信，需通过炫耀物质提升自己的价值。

最后，人在幼年心理成长过程中要经历一个"他评"阶段，即把父母、老师等对自己的评价作为自我价值。这个时期遇到挫折，就容易在成年后极度渴望他人的回应、关注。

职场上的炫耀策略在沟通中体现的是杀伤力，这种杀伤力和战场上的"兵不厌诈"有很多相通之处。比如，初次接触某项工作时，你并没有掌握这项工作需要的技能，这时你就可以凭借以往的成功经验，自信地对面前的人说"我能"。这种自信就是杀伤力的体现。利用杀伤力赢得机会之后你再疯狂补课，就可以把预支的部分通过后期学习加以补偿，最终就会变成"你的确能"。当初的"一诈"变成"现实"后，就没人说你是在强出风头了。

不管是对本来就有的能力的自我营销，还是对之后能力的预支，都要在你目前掌握或将来能够掌握的能力范围之内，而不是真的空手套白狼，导致最后赔了夫人又折兵。炫耀的关键是时机对了，你就对了。

我朋友林海逸从一名业务员很快升到了省级经理，他的经历可以告诉我们职场上把握好炫耀的技巧和时机有多重要。

　　林海逸是一家大型贸易企业的省级经理，四年前，他刚刚进入贸易行业，还只是市级分公司的一名业务员。为了多学习业务知识，他天天待在市场一线，与经销商和终端人员摸爬滚打。业余时间，他还埋头苦读，然后结合实际市场操作，总结业务经验。林海逸的文章都是自己从一线市场实践中总结得来的，都是干货。

　　一开始，林海逸只是把这些文章跟自己部门的同事们分享，后来同事们觉得他的文章很有价值，对同行们都有启发，建议他去投稿。林海逸也希望自己的文章能在行业内产生更大的影响，于是开始向公司内部的报纸投稿，慢慢地偶尔有文章见诸报端。

　　林海逸所在的公司规模很大，他的业务能力很强，但是想要脱颖而出并不容易。如果他能够在公司高层关注的媒体上展现自己的才华，应该是一种不错的选择。多年发表文章的经验告诉他，公司领导关注的媒体一般有两类：一是内部媒体如公司自己的报纸、杂志、网站论坛等；二是外部媒体，如公开发行的营销管理类的期刊、报纸、网站等。

　　林海逸确定方向后就开始关注这方面的消息。正好有一次，公司的内部报纸组织有关售后服务大讨论的征文比赛。林海逸就趁此机会把自己平常在工作中的一些体会总结出来，然后运用营销有关理论进行分析，写成一篇文章投了过去。当时投稿大概有100多份，征文比赛评出了10名获奖者，林海逸获得了第三名。

获奖后，林海逸的文章恰好被当时分管市场工作的一位副总裁看到，他觉得林海逸不仅文笔不错，营销理论也很扎实，人也有市场头脑，于是把林海逸调到了总公司负责市场调研工作。副总还亲自指导他，半年之后，就把林海逸提到了经理的职位。

林海逸升任经理后，还是很注意抓住机会表现自己。虽然已经升任了经理，但是在总公司他还算一名新人。总公司里的领导大多是中年人，对电脑操作不是很精通，他就非常注意资料的整理和存档。林海逸每天早晨会提前半小时到公司，把自己一天的工作整理得井井有条。不光是领导，其他同事也都一致夸林海逸工作积极，表现不错。

有一次，公司开项目会时，老总急需一份资料，行政又没有整理，这时林海逸的好习惯帮到了他。他很快就从自己整理的资料里找出了这份文件，交给了老总。林海逸很好地抓住了这次机会，给老总留下了深刻的印象。

林海逸自此在职场一帆风顺，从项目经理到区域经理，一路升职顺利，同事都听说他最近又有新的发展计划了。

林海逸是如何把握炫耀的技巧和时机的呢？

适当创新是炫耀策略最有用的技巧之一，因为并不是每个一线员工都有接触高层领导的机会，所以寄希望于一次偶然相遇的想法无异于守株待兔。写文章就是林海逸让高层领导发现自己的渠道。他对市场有深刻的认识，对公司一线的实际操作也有心得，于是把自己的文章投稿到这两类媒体上，一方面锻炼自己的思维能力，另一方面借助这个平台展示自己的才华。

林海逸升任经理后仍然非常注意把握展示自己的机会。他平时有整理资料和存档的好习惯，在老总需要资料时，他总能及时将资料交给老总，从而给老总留下了深刻印象。善于发现，抓住他人忽略的机会，才能更好地炫耀自己的实力。

我们来看一下炫耀的四个技巧。

1. 炫耀的内容要短小精悍

无论想向别人炫耀什么，一定要保证内容短小精悍。你传达的内容要简明扼要，同时富有娱乐性，才能确保引起听众的兴趣。

2. 炫耀时要给他人以支持

有效的炫耀不意味着所有的重点都放在自己身上，炫耀时对他人表示赞誉，可以达到一举两得的效果。比如，你完成了一个优秀的方案，受到上司表扬时，就可以说："都是同事配合得好，不然我也做不出那么优秀的方案。"这样的炫耀既突出了自己的优点，又肯定了他人的付出。

3. 选对炫耀对象

假如你是一名职场人，那么你最好的炫耀对象就是你的老板。因为向老板炫耀自己的业绩是回报率最高的炫耀。比如，你可以把完成的每一个目标、每一个好的成绩一一记录下来。这样在年终汇报时，你就会交给老板一份非常漂亮的年终总结。这份漂亮的年终总结不仅体现了你的价值，也会是你升职加薪的最大筹码。

4. 借他人之口炫耀

炫耀不一定每次都要亲身上阵，别人也可以帮你炫耀。比如一些合作得很好的客户、一些对你的方案很满意的甲方，他们在帮你介绍新客户时肯定会大夸特夸你的实力，这些都是在替你炫耀。当然，在适当的场合你也可以替他们炫耀，有来有往才能达到互惠互利的目的。

接下来我们看一下炫耀的时机。炫耀也是要讲究时机的，不能随时随地都炫耀。

1. 在自己准备充分的时候炫耀

积极炫耀不是一时兴起去提升自己的优越感，而是要在自己真正准备充分之后，抓住一个能体现自己实力和优势的时机再使用这个策略，这样才能达到目的。

2. 别人寻求意见时，是最好的发言时机

比如上司提问，正希望有人发表意见的时候，你可以积极发表自己的意见；如果等到上司已经有了决策时，你再发表意见就晚了。当然，你也可以趁着别人没有准备好或者大家都在浑水摸鱼的时候，把优势体现出来，就能更容易获得上司的认可。

3. 抓住他人忽略的机会炫耀

如果你能抓住他人忽略的机会，做好别人无法胜任的事，再将成果汇报出来，就是最有力的一种炫耀，这种炫耀将会使他人充分肯定你的价值。

◁ 沟通小贴士 ▷

炫耀的四个技巧：

1. 炫耀的内容要短小精悍。

2. 炫耀时要给他人以支持。

3. 选对炫耀对象。

4. 借他人之口炫耀。

使用炫耀策略的正确时机：

1. 在自己准备充分的时候炫耀。

2. 别人寻求意见时，是最好的发言时机。

3. 抓住他人忽略的机会炫耀。

容忍沟通：
5 分钟理性容忍法，忽略小事
成就大事

杀伤力指数：★

亲和力指数：★ ★ ★ ★

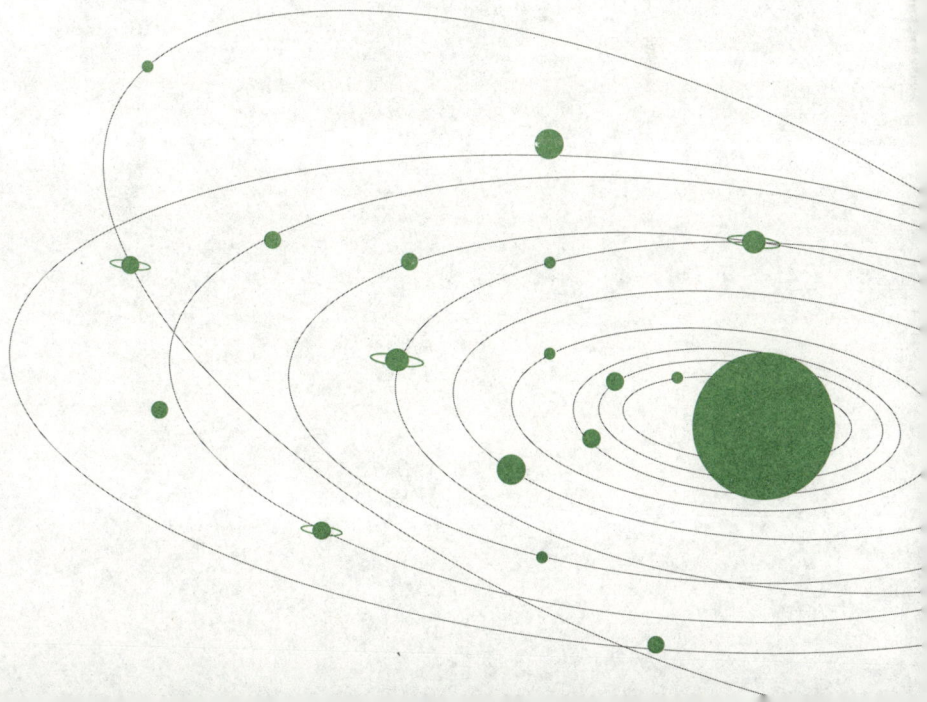

黑点实验，提升格局颠覆你的沟通偏见

　　有人做过这样一个实验：用黑笔在白纸上画一个大大的黑点，问被实验者看到了什么，几乎所有人都会坦言告知，他们只看到了一个黑点。相比白纸上广大的空白来说，黑点只不过占据了很小的一部分。但是为什么被实验者会长时间都只看到那个黑点，而看不到其他空白的地方呢？

　　如果把实验中的那张白纸换成一个人，你会发现同样的道理，黑点代表的就是大多数人不认可之处，是这个人的缺点。实验表明一个人即使优点再多，只要他有一个明显的缺点，人们就只会盯着他的缺点死死不放，这就是偏见。

　　心理学上认为偏见是人们主观的看法、片面的推断，是从自我的角度去臆断和推测一个人或一件事情。现实中，偏见普遍存在，并产生了各种各样的消极后果。比如，一名管理者如果把自己的偏见带到工作中，就很可能会只抓住员工的短处不放，在不知不觉中营造紧张的人际关系，导致企业人才流失。而如果你是一名对公司和上级抱有不满的普通员工，那么你就会无法投入到工作中，这样的偏见也会毁掉你的职业生涯。

那么，我们该如何克服自己对他人的偏见呢？

消除偏见需要容忍策略。能容忍才能让自己的眼界放宽，心胸变得豁达，不再只看到白纸上的那些黑点，还能看到黑点之外的空白，甚至能在黑与白之间看到和谐的美感。

那什么是容忍呢？容忍简单来说就是宽容忍耐的意思。容忍在沟通中表现出的亲和力，可以减少不必要的人际摩擦，营造宽松的人际环境，保持和谐的关系。容忍策略，就是以"大事化小，小事化了"的心态，给人留出情绪释放的空间，用亲和度维护凝聚力。

杜云是我的一个朋友，她的职场经历很好地向我们展示了容忍策略是如何在职场中发挥作用的。

案例   杜云新入职了一家建筑工程公司，职位是工程设计师。建筑工程这个行业一直是"阳盛阴衰"，她之前的公司里的同事大多都是男性，新公司也不例外。女性在这个行业里并不吃香，很多人都认为女性不能吃苦，不能出外勤，在职场大多都没什么建树。杜云从上一家公司辞职，也是因为主管觉得她是女性就对她的设计图诸多挑剔。不过没想到的是，她新公司的直属上司竟然是一位女性。

杜云的新上司名叫何夕，何夕容颜秀丽，看起来温柔贤淑，做起事来却雷厉风行，公司的同事送了她个外号"鬼见愁"。

杜云刚一入职就被新同事教育说，惹谁都不要惹何经理，在这个部门如果敢偷懒，犯低级错误，绝对会"死"得很惨。杜云听后一笑置之，她从来都不是一个爱偷懒的人，为了自己的职业发展，她愿意付出更多，也可以坦然面对不公平的挑剔，所以即使自己的经理有"鬼见愁"的外号，她也没想太多，只想着默默做好自己的工作。

杜云工作了一段时间发现，经理何夕并不像同事所说那样不近人情，反而对自己的下属是有容忍度的，只不过她并不会容忍一切而已。

何夕负责的部门是公司里效率最高的，部门员工一向出图最快，而且图纸质量最高，所以很受公司重视。他们部门效率高并不是因为何夕秉持高压政策，而是何夕可以容忍他们犯错，并会在他们犯错时，及时跟他们讨论修正错误。

有一次杜云因为一个专业问题不太懂，所以搞错了图纸。何夕看过图纸后并没有立刻批评她，而是跟她一起加班加点把图纸改了过来，并介绍了一些网络课程给杜云，帮助她弥补这一块的盲点。

何夕还告诉杜云："犯错不可怕，犯错其实是给自己一个修正的机会。怕的是你们怕被批评而掩饰自己的错误。"

何夕不能容忍的是无效的沟通。

有一次部门召开项目会，讨论项目方案的修改。一个同事汇报时，一直在说甲方的要求多么不合理，项目有多么难操作。

这个同事的话还没说完就被何夕打断了，她看着下属们严肃地说："我希望你们可以做更有效的沟通者，汇报工作时要直截了当，开门见山。我们在分享信息时，要先说新的、不同的或重要的内容，这样同事们才能清楚你谈话的确切目的。对方案修改没有帮助的抱怨不要提，没有意义。如果大家觉得这个项目不能做，预算和项目要求不匹配，可以出一个方案，不要单纯抱怨。"

何夕说完之后改让杜云汇报。杜云就这个项目的预算、整体要求、工程操作性、土地情况等方面进行了分析，最后也认为项目不可行。何夕点点头，算是认可了她的结论。

杜云摸清了何夕的脾气后，跟她一直配合得很好。何夕是业界的佼佼者，杜云跟着她也学到了很多。

没多久，公司空降了一个副总分管何夕这个部门。这个副总虽然年纪不大，但是有些顽固，他自己也是高级建筑师，对女性建筑师有些偏见。副总上任后，一直对杜云的设计稿持不信任的态度，很多本该杜云负责的工作，只要副总经手就会重新分配给其他男同事。

何夕很快就意识到了这个问题，但是她也没说什么。杜云以为自己又碰到了上一家公司的那种领导，已经开始考虑是不是要辞职了。可是有一天公司召开经理级项目会时，何夕竟然把杜云也带上了。会上几位副总一起研究何夕部门提交的一份图纸，最后得出结论是没有问题，很优秀。

何夕拉着杜云站起来说："这份图纸是我们部门最优秀的设计师设计的，虽然她是女性，但是优秀跟性别有什么关系呢？"

一直对女建筑师有偏见的那位副总脸上有些尴尬，但是当着众人的面也不好发怒，只好审批通过了杜云的方案。

杜云本来还很感激何夕为了给自己争取利益不惜得罪了副总，没想到会后何夕竟然带着杜云去了那位副总的办公室。

副总看到两人，脸色还是很不好看。何夕却好像没看到他的脸色，笑着说："副总，您别见怪，我是真的觉得设计方案不错才拿到会上给您审的，毕竟您是行业大牛，得到了您的肯定，我才敢说自己的员工优秀啊。"

副总见何夕服软，脸色稍稍好了一些。

何夕拉着杜云说："小杜虽然做得还不错，但毕竟是新手，您以后工作上有什么吩咐尽管找她，您是我们的分管领导，我们部门永远以为您服务为先。"

副总终于眉开眼笑，不再计较了。

从副总办公室出来，杜云还有些反应不过来。

何夕拉住她的手，笑着说："大丈夫能屈能伸，小女子也是。"

何夕是如何在职场上使用容忍策略的呢？

首先，何夕分得清职场上哪些可以容忍，哪些不能容忍。在专业技能方面，何夕对下属的容忍度很高，因为他们的工作强度很大，出错也是无法避免，如果强制员工不出错，那是非人的要求，和逼员工辞职没什么区别。

何夕不能容忍的是无效沟通，因为无效沟通会降低工作效率，而无效沟通不是不能修正的错误。她对无效沟通的零容忍，反而是促使员工进步的管理手段。

何夕还做到了能屈能伸，原则上的问题她不容忍，比如性别歧视。在面对领导时她也不是一味硬碰硬，而是争取到自己的利益后适当地服软，这样才不会断了自己的职业生涯。

那么我们如何才能更好地使用容忍策略，让自己不那么斤斤计较，运筹帷幄呢？

1. 锋芒要有，适当时要有自己的脾气

工作上也好，生活中也好，我们不是对每件事都需要容忍，只有值得容忍的事，我们才需要使用容忍策略。比如，同事一时跟不上新的工作流程，这种问题我们可以容忍，但是如果他是消极怠工，故意拖延，这种问题我们就不需要容忍，而应该及时向

他提出来。容忍的界线是你在乎什么，最终想得到什么，在值得和不值得之间进行抉择才是至关重要的。

2. 扩大视角，判断一个人的长处和短处

如果你是一个团队的主管，该如何把握好对下属缺点的容忍尺度呢？这里建议大家不要忽略具体情境去考量一个人，这样很容易因个人喜好放大一个人某一方面的缺点，忽视他值得考量的其他方面。

管理者要从宏观角度出发，扩大视角，把一个员工放到公司的整个运行流程中，考量他的能力和德行对公司整体运作的推动是正向的还是负向的，较为全面地看到员工的长处和短处，达到知人善用的目的。不然管理者就只能看到员工身上让自己感到厌烦的缺点，这样就很难做到容忍了。

3. 级别不够时，更要学会容忍

如果你只是一名刚踏入职场的小人物，那么千万要有自知之明，不要还没有取得什么成绩就开始自我膨胀，把自己想象成至关重要的人物，认为自己的缺席会给周遭造成天大的影响。作为小人物，你最需要做的就是容忍，你最应该在乎的是你自己的成长，在职场上成长十分重要。

4. 清楚自己的底线，能屈能伸最大气

假如公司需要你为了公司的利益献身，或者为上司充当重要的台阶，你就可以衡量下自己的底线，是留下来充当台阶，还是直接抬脚走人。在这个选择里，你并没有做错什么，即使选择充当某人的台阶，那些知道内情的人也只会同情你，而不会对你横加指责。而你的上司作为关键人物，也会因为你的奉献和自我牺牲对你抱有歉意。这个歉意会让上司对你好感倍增，这也将成为你职业生涯的重要阶梯。

那么使用容忍策略时要注意什么呢？

1. 容忍不能半途而废，一旦开始就要容忍到底

想要容忍策略效果持久就要一忍到底，开始容忍后就不要主动去说破。如果只是当时忍一下，事后对每位同事诉说自己的委屈，那么上司原本对你抱有的愧疚之心就会烟消云散。如果换个心胸狭隘的上司，你揭穿了真相就等于揭了他的短处，一旦他下不来台，就会对你心生怨怼。那么你就相当于半途而废，容忍了还没当成好人。

2. 先观察后行动，先思考再下结论

使用容忍策略时最好少说多做，观察的重要性要大于言行。先思考再行动才能准确把握容忍的时机。所以，遇到事情时先不要急着下结论，要观察思考之后，衡量眼前之事是否值得容忍再说。如果言行快于观察，那么你就很有可能因为一时鲁莽犯下错误。

3. 容忍要有底线，不能无限容忍

如果容忍一个员工的缺点会造成团队无法正常协作，或者牵制整个团队的运转，那么这时的容忍对团队来说是得不偿失的。比如，员工存在品行不良，像欺骗、没有责任心等缺点，即使这名员工技艺超群，他也不可能成为金子，反而会变成腐蚀团队的铁锈。这时就无须容忍，就算忍痛割爱也要把害群之马踢出队伍。

◀ 沟通小贴士 ▶

如何才能更好地使用容忍的策略？

1. 锋芒要有，适当时要有自己的脾气。

2. 扩大视角，判断一个人的长处和短处。

3. 级别不够时，更要学会容忍。

4. 清楚自己的底线，能屈能伸最大气。

使用容忍策略时要注意什么？

1. 容忍不能半途而废，一旦开始就要容忍到底。

2. 先观察后行动，先思考再下结论。

3. 容忍要有底线，不能无限容忍。

理性容忍力，如何让你不做 "背锅侠"

刚入职的新员工很有可能会因为不了解新的环境和人际关系成为 "背锅侠"。这时是一味忍让，还是一气之下一走了之呢？

这时我们就要运用理性容忍策略了。

那么，什么是理性容忍呢？

容忍是为了消减冲突，缓和人际关系，体现了沟通中的亲和力。理性思考能够帮助我们对所面临的事物和问题进行推理、判断，从而选择更好的方法解决问题。理性容忍的亲和力，更容易达到双赢的效果。

入职时间不长的新人，并没有掌握实际的行业知识，如果负气离职，即使有幸换到另一个新环境，也难免会遇到同样的情况。所以，在职场上只有理性容忍才能既不做 "背锅侠"，又找到自己的立足之地。

　　我认识的一个刚毕业的人叫方影，是一个越挫越强的人，初入职场时，她就很好地应用容忍策略解决了自己的难题。

　　方影大学毕业后到一家传媒公司担任经理助理，和另一个助理吴晨一起负责经理办公室的一些日常事务。

　　方影刚毕业四个月，来到这家公司工作还不到三个月。吴晨虽然跟方影岗位相同，职责一样，可是已经在公司工作两年了，和方影比起来算是老员工。所以吴晨在方影面前总是不经意流露出上对下的架势。方影心知自己是新来的，不好跟老员工硬碰硬，所以在一些事情上，能忍则忍，只当自己吃亏是福。

　　本来属于两个人的工作量，由于吴晨偷懒，工作几乎多半压在方影一个人身上。吴晨还总是半玩笑半嘲弄地说："你是新来的，你不多干点儿，谁干啊！"

　　经理每天工作很忙，并不知道两个人之间的明争暗斗，只是看方影干活儿很卖力，就自然而然地给方影一个人安排活儿。看到方影疲惫又充满怨气的脸，经理还会拍拍她的肩说："年轻人，打起精神来，新员工就是要多分担工作，才能提高能力啊。"

　　后来办公室同事们都理所当然地认为方影是新来的，

就应该多干活儿。但是方影总觉得自己多干活儿，凭什么工资不多拿呢？这样一想，她就觉得自己确实吃亏不小，这个"冤大头"不知还要当到什么时候。

渐渐地，方影发觉自己确实没有吴晨工作经验丰富，也不如他会讨好领导。吴晨总是会瞅准机会在领导面前尽情表现。

一天，轮到方影做办公室卫生。她大清早来到了公司，辛辛苦苦把地板拖了一遍，在一旁玩电脑游戏的吴晨看到经理这时候也走进公司，赶忙站起来，拿起方影刚才放下的拖布，装模作样地拖起来，边拖边大声喊："方影，你看你也太不认真了，拖了一遍怎么还这么脏！"那声音，像是非得让经理和其他同事听到不可。

方影干活儿还没落好，气得一天没心情工作，心里辞职的念头越来越强烈。可是静下心时，她意识到自己还没有学到一样可以拿出手的真本事，就这样辞职，能找到的也肯定是差不多的公司。自己没有一技之长，到哪都要从头做起，这样一来，在公司忍辱负重的三个月就算白费了。而且谁也不能保证下一家公司的工作环境会比当时的公司好，那时候等待她的还是拍屁股走人吗？

方影权衡了一下自己的职业生涯的和当时的处境，

理性思考后，打算换种容忍的方式，就是一边忍耐，一边学习。她打算留下，把该学的本领学到手之后，再争取脱离苦海，往高处走大步。

在接下来的日子里，方影又恢复了刚进公司的干劲儿，利用业余时间还自学了一套流行的办公室工作软件。她做出来的PPT和表格既漂亮又好用，经理几次当众表扬了她。吴晨看不惯，还是对她冷嘲热讽，但是方影心里明白，只要自己有真本事，就不怕别人甩锅。而且她发现学习内容一多，自然没有时间跟吴晨较真，吴晨也觉得没趣，反而主动和方影搭讪，关系缓和了很多。

又过了三个月，公司行政部一名主管离职，空出来一个职位，经理把方影叫到办公室，把一张推荐升职的表格递给她。方影愣住了，没想到自己只不过是冷静容忍，竟得到了这样好的结果。

作为职场新人，方影成为"背锅侠"后，并没有一味忍让，陷入"背锅"的怪圈。虽然她非常不甘心，但是并没有将抱怨表现出来，更没有向其他同事说吴晨和经理的不好，而是在容忍的同时，冷静思考当时的情况。当她发现离职并不能解决问题时，也不想把时间浪费在内耗上，认清局势后，设立了自己的目标，把精力都放在了学习新技能上，这也让她在工作中更有动力。

最初经理因为方影工作非常积极，才给她安排了很多工作。如果方影一直这样忙下去，经理也可能只是觉得方影好用，而且一旦方影懈怠，经理就会误以为方影是三分钟热度。这种情况下，如果吴晨甩锅，方影也只能成为"背锅侠"。所以，在职场上忙也要忙得有成果，方影就抓住机会学习了各种技能，让自己的工作完成得漂亮，而经理也是看到方影不仅干得多还干得巧时，才把更重要的工作交给她去做。

不管在何种场合，一味地唯唯诺诺都不是解决问题的方法，但是如果没有过硬的资本和实力，理性容忍就变得很重要了。

那么理性容忍有哪些技巧呢？

1. 目标坚定是容忍的力量源泉

坚定的目标是你在职场上选择容忍的力量源泉之一，也是你成功的利器之一。当你已经确立了目标，首要任务就是思考如何将这个目标转化为现实，并立即行动起来。想到了就去做，才不会让目标沦为空想。

作为一名职场新人，如果你对自己的工作环境有诸多不满，那么就要先认清局势再设立目标，把精力放在学习新的技巧技能上，才能有更好的前途。

2. 敲山震虎，不让自己成为"背锅侠"

职场上，让你背黑锅的人一定是看你经验少，人微言轻，才敢这么做。这个时候你要做的不是忙着解释，而是要从源头上提高自己的经验与实力。只有不自乱阵脚，在工作中做出成绩才能够敲山震虎，间接让甩锅的人有所忌讳。当他人了解你的实力后，就不敢小觑你，不敢让你做"背锅侠"了。

3. 忙有成果，让自己的容忍有价值

职场新人因为工作经验不足，肯定会被安排很多烦琐而重复的工作。这些工作可能无法让你学到什么重要技能，也不能让你提升自己的能力，但你也不能因此懈怠，因为你的懈怠很容易让上司认为你对自己的工作只有三分钟热度。

一名职场新人最应该做的就是让自己忙得有成果。比如，你可以在烦琐的工作中学会如何合理安排时间，或者每次都把上司的日程放在首位，让他看到你的努力。你也可以提前做好汇报材料，这样既帮助了上司也展现了自己的智慧。你还可以尽可能多地给项目增加价值，并努力实现更大的收益。这些付出都会让你获得回报。所以容忍只是策略，关键还是要有成果。

◄ **沟通小贴士** ►

理性容忍有哪些技巧？

1. 目标坚定是容忍的力量源泉。

2. 敲山震虎，不让自己成为"背锅侠"。

3. 忙有成果，让自己的容忍有价值。

拒绝苛责，如何成为一名出色的管理者

◆

你知道我们常用的便利贴是怎么诞生的吗？其实它的诞生本身就是一场错误。

1974 年，发明便利贴的 3M 公司曾研究过一种黏性很强的胶，结果却得到了一种黏性很弱的胶。正在大家灰心之际，工程师福莱把它夹在翻页的书中，发现可以重复撕贴不会破坏书中的纸。必要时，还可以用笔记下重要的信息，便利贴由此诞生了。

3M 公司容忍了失败，获得了意外的财富。那么作为一名企业的管理者，面对让你头疼的员工，你是不是也可以考虑使用容忍策略呢？

每个管理者都想让手下人变得聪明睿智，成为样样都行的多面手，但这只是管理者的一厢情愿。人无完人，职场中很多人之所以成绩欠佳也许并不是因为专业技能水准低，而是沟通能力欠缺，不能得到他人的认可，无法发挥自己的特长。而管理者苛责只会让自己过分地聚焦员工的缺点和短处，发现不了他们身上的闪光点，也就永远无法让下属人尽其才。

心理学上有个概念叫共情能力，指的是一种能设身处地体验他人处境，从而达到感受和理解他人情感的能力。容忍就是利用了人类的共情能力。

共情属于亲和力，能让人变得心胸豁达、宽容，更容易博得对方的好感，赢得对方的信任。而在管理中，共情能力会让管理者的眼界放宽，懂得换位思考，欣赏下属的优点，或者体会下属的难处。

我朋友高朗是一名出色的管理者，他能够在同事中脱颖而出的秘诀，就是很好地利用了容忍策略。

案例　　高朗和徐景是大学同学，毕业后一起进入了一家广告公司，高朗做了导演，徐景做了后期。两人工作后一直都努力上进，没多久就各自升了职。

升职后，徐景很快发现，原来他跟高朗齐头并进，在工作岗位上都混得风生水起，可是不知从什么时候开始，自己渐渐就落后了。高朗升职后，作品越来越多，在业界也开始小有名气。徐景却陷入了焦头烂额的怪圈。

之前徐景做后期都是单打独斗，他技术好，效率高，所以一直很受领导重视。升职后，做了管理岗位，虽然比以前更忙了，但是部门的产出更少了。徐景自己技术过硬，对员工要求也高，每次开会总结都是批评得多，表扬得少，部门有些员工有点不服他的管理。

徐景这个管理者做得越来越累，有一次他碰到高朗，赌气地说："我还不如回去做一个后期呢，当个主管当得那么累。"

高朗笑着说："你是方法不对。"

徐景纳闷地问："我怎么方法不对了，我看你不也跟以前一样吗？"

高朗苦口婆心地对他说："你对员工没有容忍度，可能是因为你自己技术太好，所以对员工要求也高，看不到员工进步的地方，恨不得他们一口吃成个大胖子，人人都是技术高手。"

徐景有些不服气："我要求高还不对了？"

高朗不知道怎么跟他解释，只说："员工也是需要被理解、被容忍的，你对他们好，他们自然会回报你。"

徐景若有所思地沉默下来，高朗也没有再多说。

等徐景打算再向高朗请教请教时，高朗却因为有个节目要拍，出差去了。没有好朋友的帮忙，徐景只好自己琢磨问题出在哪儿。他想起了高朗的做法。

高朗是个喜欢称赞员工的领导，没事总是喜欢夸赞自己部门的员工多么出色。部门员工虽然知道高朗只是客套话，听了还是很高兴。徐景有一次问高朗，为什么老捧着自己的员工。高朗告诉他说，有实验表明，78%的员工更希望受到上司的认可，人们对于夸奖的喜欢甚至高于对金钱的喜欢。所以，管理者要经常对员工的出色工作或特别贡献表示认可，反正这又不需要你付出任何东西。徐景以前对此不屑一顾，现在想起来，也许确实应该多夸夸自己的员工。

高朗还不会贪功，有一次他们部门完成了一部质量非常高的纪录片的拍摄，高朗还特意发了一封电子邮件给公司的高管，让他们知道自己的团队成员的卓越表现。

高朗和徐景一样都是业务扎实的优秀人才，但是高朗比徐景有耐心，他愿意贡献自己的时间和专业知识，帮助下属学习。用高朗的话说，他这么做是因为职业生涯中的成败经验对那些初入职场的人来说是一笔宝贵的财富。投入时间和精力去培养自己的团队，才会增加职场成功的砝码。

高朗也不会推卸责任，他的原则是失败的责任归管理，成功的荣誉归个人。每次团队出现失误，高朗都抢先承认是自己管理出了问题，不是下属的原因。而每次拍出优秀的片子，高朗都会归功于团队成员，而且他还会评选出在项目中表现最优秀的员工给予肯定以及金钱上的奖励。

想到这些，徐景终于明白，宽容对待员工才是高朗成功的关键。

如何更好地使用容忍策略让自己成为一名出色的管理者，需要了解一下几个技巧。

1. 容忍下属的缺点，做到知人善任

英国管理学家德尼摩提出了一个德尼摩定律，他认为凡事都应有一个可安置的所在，一切都应在它该在的地方。也就是说，每个人、每样东西，都有一个它最适合的位置，在合适的位置上，它就能发挥最大的功效。

管理者在用人的时候也是一样，要认识到每个员工都有适合自己的岗位。管理者只有透彻了解自己的下属都有哪方面的才能，有什么样的性格，有什么长处，有什么短处，才知道把他们放在什么位置上最合适。如果能够知人善任，员工的一些小缺点其实

也是可以包容的，比如你不需要一个好司机必须会做菜。管理者不必要求员工面面俱到，让员工发挥长处就好。

2. 看到员工的不同面，珍视员工间的差异性

如果管理者能够看到员工的不同面，以实际效果来用人，那么就能做到兼容并蓄，吸引更多的人才。在日常工作中多容忍他人与自己不一样的地方，做到求同存异，也许你就会惊喜地发现自己拥有一支强大的"复仇者联盟"一般的团队。

3. 用过人的胸怀，容忍无伤大雅的小问题

有一本书叫作《不抱怨的世界》，主旨是要对自己的抱怨和不宽容的行为有觉察，里面提到了一个"不抱怨"手环的方法，操作步骤如下：

第一，将手环戴在一只手腕上。

第二，当你发现自己正在抱怨、讲闲话或批评时，就把手环移到另一只手上，重新开始。

第三，如果你听到其他戴手环的人在抱怨，想提醒他们把手环移到另一只手上的话，你就要自己要先移动手环，因为你在抱怨他们的抱怨。

第四，坚持下去。可能你要花好几个月，才能达到连续 21 天不换手、不抱怨的目标。每个人的平均成功时间是 4 ~ 8 个月。

这个方法同样可以用来觉察自己对别人的宽容程度。比如你

可以把一条橡皮筋套在手上，或者把硬币、小石头放在口袋里，或者把纸镇移到书桌的另一边，或找到任何一种能确实进行自我监督的方法。当你发现自己在抱怨、批评、讲闲话、展现不宽容的时候，就移动那个东西，提醒自己停止抱怨。

4. 原则问题不能马虎，容忍"铁锈"容易酿大错

管理学上都讲究用人不疑，疑人不用，我们要尽量发挥一个人的优势就要包容他的小缺点。但公司里也总有那么一种人属于有能力但是服从性不好的，这种人就相当于团队的"铁锈"。

这种人虽然能力强，产出高，但他们不服管教，对团队始终有异心，未来还有可能为对手所用。他们聪明的方向不对，最终将会腐蚀整个团队。用人讲究德才兼备，一个人业务上的错误可以容忍，但是如果他的人品德行不好，就算能力再强，也是不能容忍的。

◀ 沟通小贴士 ▶

使用容忍策略的技巧：

1. 容忍下属的缺点，做到知人善任。

2. 看到员工的不同面，珍视员工间的差异性。

3. 用过人的胸怀，容忍无伤大雅的小问题。

4. 原则问题不能马虎，容忍"铁锈"容易酿大错。